ÉTUDE SUR LES TRANSACTIONS

EN DROIT ROMAIN

ET

EN DROIT FRANÇAIS.

à mon cher et affectionné Ludovic Laumonier,
souvenir de mon amitié la plus dévou...

L. Ledemé

FACULTÉ DE DROIT DE CAEN.

ÉTUDE SUR LES TRANSACTIONS.

THÈSE POUR LE DOCTORAT

SOUTENUE PUBLIQUEMENT LE 3 JUILLET 1868

à 3 heures du soir,

DANS LA GRANDE SALLE DE LA FACULTÉ DE DROIT,

PAR

Lucien-Louis LEDEMÉ,

AVOCAT AU MANS,

Né à Fresnay-le-Vicomte (Sarthe).

CAEN

TYPOGRAPHIE DE GOUSSIAUME DE LAPORTE

RUE AU CANU, 5.

1868.

A LA MÉMOIRE DE MA MERE.

SUFFRAGANTS :

MM. BAYEUX, *Professeur*.
     BERTAULD, *Id.*,   *Président*.
     CAUVET,   *Id.*
     CAREL,   *Id.*
     TOUTAIN, *Agrégé*.

DES TRANSACTIONS.

Les procès assiégent la vie par de nombreux tourments ;
ils sont souvent la ruine des familles. La transaction qui les
étouffe est le parti du sage. On ne perd pas en transigeant :
car, quelque sacrifice que l'on s'impose, on gagne en retour
le premier de tous les biens, la tranquillité : *Melior est
certa pax quam sperata victoria.*

TROPLONG, *des Transactions.*

1. L'homme ne peut se soustraire à l'irrésistible nécessité de la vie sociale. C'est là un fait constant, dont l'origine
et la raison d'être peuvent soulever de vives controverses
dans le domaine de la philosophie, mais sur l'existence et
la réalité duquel on peut invoquer hardiment le témoignage unanime des peuples et des traditions.

Que les uns attribuent cette nécessité, qui s'impose impérieusement au cœur et à l'intelligence de l'homme, à une
sorte de pacte, que les membres primitifs de la grande
famille humaine auraient, au moment de se réunir pour la
première fois, consenti sciemment, dans la souveraineté de
leur indépendance, comme étant l'œuvre raisonnée de leur
volonté intelligente et libre; ou tout au contraire, comme
nous le pensons, sans hésiter, avec la double autorité de
la foi et de la raison, que la vie sociale nous ait été imposée
par Dieu, comme la condition essentielle de notre exis-

tence ici-bas, c'est là un grand problème, nous en convenons, mais sur lequel nous ne pouvons ni ne devons nous appesantir ici. Nous constatons simplement le fait, qui est incontesté, de la nécessité d'une organisation sociale.

2. Or la loi est précisément le régulateur indispensable de cette société, dans laquelle se heurtent sans cesse tant d'intérêts opposés, tant de violentes inimitiés, tant de jalouses convoitises. La loi a pour mission de maintenir l'ordre souvent menacé, de rétablir l'harmonie si indispensable au bonheur des personnes et à la prospérité des nations.

3. Est-ce à dire pour cela que quiconque se sent menacé dans ses biens ou dans son individualité, soit obligé de recourir à la rigueur des lois ?

Est-ce à dire que tout conflit qui s'élèvera entre deux citoyens, que toute divergence d'opinion, menaçant de troubler le bon accord entre les membres d'une famille, d'une cité, d'une nation, que toute circonstance qui mettra en présence deux intérêts distincts et rivaux, devront être nécessairement et fatalement tranchés par la loi, c'est-à-dire par les magistrats chargés de rendre la justice à leurs concitoyens ?

S'il en était ainsi, nous n'aurions donc traversé tant d'épreuves si douloureuses, nous n'aurions marché depuis tant de siècles dans la route si ardue du progrès moralement entendu et de la liberté sagement réglée, que pour vivre sous un régime légal qui répugnerait invinciblement aux idées les plus saines et les plus moralisatrices de la civilisation moderne !

4. Non, il n'en peut être et il n'en est pas ainsi. En effet,

toutes les législations admettent, quand deux intérêts opposés se présentent, quand l'harmonie menace d'être troublée, trois voies, différentes dans leur point de départ comme dans leur marche, mais ayant toutes le même but et produisant toutes un semblable résultat, quoique avec plus ou moins de perfection.

5. Le premier de ces moyens consiste à s'adresser à la loi, protectrice de tous, et à lui demander, par l'entremise de ses consciencieux représentants, le rétablissement de la paix et la fixation des droits de chacun.

En mettant ainsi ses intérêts sous la sauvegarde de la justice, on a bien, d'une part, pour garantie, la sagesse incontestable des lois civiles et le respect qui s'impose si naturellement et si légitimement pour les décisions de la magistrature.

Mais, d'autre part, que l'on songe à la longueur indispensable d'une procédure judiciaire, aux frais considérables, même pour celui qui triomphera, d'un procès qui peut être soumis à plusieurs juridictions ! C'est avec une grande raison qu'un de nos plus illustres poëtes écrivait à l'un de ses amis :

> N'imite point ces fous, dont la sotte avarice
> Va de ses revenus engraisser la justice;
> Qui, toujours assignants, et toujours assignés,
> Souvent demeurent gueux de vingt procès gagnés.

Enfin, les magistrats sont obligés de juger selon la loi ; tout arbitraire leur est soigneusement enlevé : la loi toujours et avant tout ! Il en doit être ainsi. Mais ce qui est juste peut fréquemment être blessé par cette inflexibilité des lois :

Une extrême justice est souvent une injure, a dit notre

grand Racine, paraphrasant élégamment cette vieille sentence des Romains : *Summum jus, summa injuria*.

6. Le second moyen remédie à ces graves inconvénients. Les parties en cause peuvent convenir entre elles de renoncer à s'adresser aux tribunaux et de soumettre le règlement de leurs intérêts à des personnes désintéressées, dans la rectitude de jugement desquelles elles ont confiance. C'est la voie arbitrale.

Il faut cependant le reconnaître : malgré ses avantages considérables sur le premier moyen, elle entraîne, comme lui, des résultats déplorables. C'est, il est vrai, l'équité mise à la place de la loi ; mais faut-il donc compter pour rien l'irritation profonde qui naîtra presque toujours de ces décisions, dans lesquelles il faut nécessairement que l'un perde quand l'autre gagne ? Que ce soit le magistrat ou que ce soit une commission arbitrale qui tranche la question en litige, il n'importe! Celui qui aura été condamné ne parviendra que fort rarement à s'avouer ses torts: de là ces haines sourdes, ces dissensions désastreuses, qui jettent le trouble et la discorde jusqu'au sein même des familles, et qui, se traduisant trop fréquemment en agressions injustes, en une scandaleuse publicité, portent une atteinte irréparable à l'harmonie générale, à la sécurité publique et au bonheur de tous.

7. Seul, le troisième moyen rétablit le bon ordre, en maintenant et en affermissant la concorde et les relations amicales. Les deux adversaires se jugent eux-mêmes, se font des concessions réciproques, que méritent bien assurément les précieux avantages de la tranquillité et de la paix, et sont heureux de terminer, en les ensevelissant dans un profond oubli, les inquiétudes et les irritations

qu'avaient pu soulever dans leur âme leurs prétentions premières.

Tels sont les avantages inestimables de la transaction!

C'est le plus noble et le plus utile de tous les contrats; c'est un gage de paix, de réconciliation, c'est le parti du sage, selon la belle expression de M. Troplong.

C'est la réalisation la plus désirable et la plus complète de cette sublime pensée de Cicéron, dans son traité des *Devoirs* :

Proprium hoc statuo esse virtutis, conciliare animos hominum. (De Officiis, II, 5.)

8. Tel est ce contrat de transaction, que nous nous proposons de prendre pour objet de cette étude. Nous nous demanderons comment il est réglementé par notre droit civil français, après avoir cherché brièvement à indiquer les principes qui le régissaient en droit romain.

PREMIÈRE PARTIE.

DES TRANSACTIONS A ROME.

CHAPITRE I.

DU CARACTÈRE ET DES MODES DE PREUVE DE LA TRANSACTION.

9. Pour arriver à une définition exacte et complète de la transaction, il faut, avant tout, rechercher les éléments essentiels qui constituent et caractérisent cet acte juridique du droit romain. Ces éléments sont au nombre de quatre, que nous allons rapidement analyser.

10. 1° La transaction ne peut être rendue obligatoire à aucun citoyen, se trouvant en conflit avec un autre. Nul ne peut être forcé de transiger ; et c'est bien là, sans aucun doute, ce qui distingue si profondément la transaction du jugement.

Tandis, en effet, que le jugement est toujours rendu *in invitum*, c'est-à-dire que tout citoyen peut être contraint, même par la force publique, de venir soutenir ses prétentions en justice et de les répudier si le magistrat les juge incompatibles avec le droit, la transaction, au contraire, ne peut se former que du libre consentement de toutes les parties en cause.

Le consentement réciproque de tous les intéressés est donc indispensable, essentiel à toute transaction.

11. 2° La transaction étant une convention qui a pour but de tenir lieu d'un jugement, c'est-à-dire de trancher par les voies les plus pacifiques un différend qui s'est élevé entre deux ou plusieurs personnes, il est clair que sa validité est assujettie à la préexistence de certains rapports entre ces mêmes personnes. Ainsi point de transaction, si précédemment il n'existe déjà, entre ceux qui méditent de la faire, des relations d'une certaine nature.

Pourquoi ? C'est qu'évidemment la transaction doit avoir un objet, et que cet objet ne peut être que de mettre fin à une difficulté préexistante.

Un contrat, fort au contraire, ne suppose point des relations dans le passé, mais il en crée pour l'avenir.

C'est cette idée éminemment juridique qui explique un passage d'Ulpien, dans lequel ce célèbre jurisconsulte oppose le mot *transigere* au mot *contrahere* (Dig. L. 1, § 3, *de pactis*). Ainsi la transaction vient terminer certains rapports entre les parties.

12. 3° Mais quelle doit être la nature de ces rapports ?

Evidemment, si la situation respective des parties était parfaitement claire, si la nature et l'étendue des droits de chacun étaient exactement déterminées et circonscrites, il ne pourrait y avoir aucun sujet de transaction. Donc les relations juridiques des parties doivent porter sur des points incertains, ou tout au moins sujets au doute.

Nous croyons que cette incertitude peut résulter principalement de trois circonstances que nous devons indiquer comme étant les plus fréquentes.

A. Il est possible qu'à un instant donné, une difficulté surgisse entre plusieurs personnes. L'une d'elles se croit lésée dans ses intérêts : elle va s'adresser à la justice pour réclamer la proclamation et le maintien de ses droits. Son adversaire, que la menace d'un procès effraie, offre de transiger : le peut-il ?

Oui, assurément ; peu importe, en effet, que le magistrat, si le procès s'engageait, dût lui donner raison ou le condamner, peu importe même que la question en litige n'en soit réellement pas une en droit. Il suffit que les deux adversaires soient de bonne foi et considèrent la difficulté comme sérieuse. (L. 2, Cod., *de Transact.*)

B. C'est le cas le plus ordinaire. Le procès s'est engagé : mais les différentes phases par lesquelles il a déjà passé, les moyens de droit et de fait invoqués respectivement par les parties, à l'appui de leurs prétentions réciproques, ont éclairé la question et les plaidants reconnaissant combien il est préférable de résoudre les difficultés d'un commun accord plutôt que de les laisser juger par les rigueurs du droit strict, se décident à transiger : la validité de cette convention est aussi incontestable que l'utilité et les avantages qu'elle présente.

C. Un droit, qui n'est nullement litigieux, dont la nature et l'étendue sont parfaitement incontestées, peut néanmoins présenter un caractère aléatoire et par là même certains risques à courir. Ainsi, l'exercice de ce droit peut être préalablement soumis à l'accomplissement d'une condition ; se réalisera-t-elle ?

Ainsi encore, ce droit n'existe que pour un certain temps, et son extinction résultera de telle circonstance fortuite.

Les parties intéressées s'arrangent mal de ces incertitudes et préfèrent les éviter par un arrangement à l'amiable qui remplacera des droits peu sûrs par des droits certains. Assurément la transaction qui interviendra sera valable. (Dig. L. 4 et L. 8, § 20, *de Transact.*)

13. 4° Enfin, la transaction n'existerait pas si l'une des parties, par exemple, faisait à l'autre, qui l'accepterait, un abandon complet de la totalité de ses droits, ou tout au moins de ses prétentions. Cette convention pourrait être valable, mais c'est là un pacte d'une tout autre nature et qui est totalement étranger à notre matière.

Donc, la transaction suppose nécessairement des concessions réciproques. Il faut que les parties, préférant perdre quelque chose plutôt que de risquer perdre le tout, renoncent d'elles-mêmes à une certaine partie de leurs droits, afin de gagner, par cette concession, la certitude de conserver l'autre partie. C'est cette condition essentielle à l'existence de la transaction, qui est exprimée dans cette formule célèbre de la loi 38, au Digeste, *de Transactionibus: transactio, nullo dato, vel retento seu promisso minime procedit.*

14. Maintenant que nous avons recherché et analysé les quatre éléments constitutifs de la transaction, il est permis de se demander comment on peut définir la transaction.

Nous l'appellerons une convention par laquelle deux ou plusieurs personnes se font librement des concessions réciproques, pour mettre fin à des difficultés inquiétantes ou à des droits incertains.

15. Comment se prouve la transaction ? Nous n'avons à

cet égard aucune règle à poser. Il faut suivre les principes du droit commun, et reconnaître que la transaction, comme toutes les conventions, se prouve par l'écriture, par témoignage, par l'aveu et par le serment.

16. Nous tenons cependant à faire une dernière observation. C'est qu'il ne faut pas, quand on a un acte juridique à apprécier, s'attacher servilement au titre que les parties ont donné à cet acte. Les fraudes sont fréquentes et le juge doit s'appliquer, avant tout, à les déjouer, en donnant à la convention qu'il doit apprécier la qualification juridique qui lui convient réellement.

Si donc, par exemple, les parties avaient dissimulé une transaction sous la forme d'un acte de vente, le juge devrait refuser l'action en paiement du prix, intentée par le prétendu vendeur, sauf à accorder postérieurement à celui-ci l'action résultant du pacte de transaction. C'est ce qui est décidé au Code, L. 21, *de Transact.*

CHAPITRE II.

DES FORMES ET DE L'EXÉCUTION DES TRANSACTIONS.

17. Les Romains, esprits trop scrupuleux peut-être, mais logiques par excellence, avaient, il ne faut pas l'oublier, un culte profond pour la forme et surtout pour les monuments de jurisprudence, qui remontaient et se rattachaient directement à leurs plus anciennes, à leurs plus vénérées traditions. C'est ce qui explique pourquoi, dans le principe, la transaction était obligée, comme tous les actes juridiques sans exception, de revêtir certaines *formules* consacrées pour employer le langage technique.

Je crois que l'on peut signaler deux moyens qu'avaient
les Romains de transiger. Le premier consistait dans *l'acceptilation ;* le second, dans le pacte *de non petendo*. Un mot
est nécessaire sur chacun de ces modes de transaction.

18. *L'acceptilation*, à Rome, était un mode d'extinction
du droit civil, appliqué aux obligations verbales, et con-
sistant dans une interrogation suivie d'une réponse solen-
nelle. Justinien, dans ses Institutes (L. 3, tit. XXIX, § 1),
prend la peine de nous expliquer la marche et les paroles
consacrées de cette sorte de procédure : « Si Titius, dit-il,
« veut faire la remise de ce qui lui est dû par suite d'une
« obligation verbale, il pourra le faire en laissant le débi-
« teur prononcer ces paroles : ce que je te dois, le tiens-tu
« pour reçu ? Et Titius répond : Je le tiens pour reçu. »
Tel était le mécanisme employé pour éteindre une obligation verbale. En l'analysant, on reconnaît facilement où
les jurisconsultes avaient puisé l'idée de l'acceptilation.
Elle réside tout entière dans ce principe, qu'ils avaient
adopté, que toute obligation pouvait s'éteindre par l'emploi
d'une forme analogue à celle de sa constitution. L'obligation verbale s'éteignait donc logiquement par l'acceptilation, qu'on pourrait appeler une *contre-obligation*.

19. Mais à mesure que les Romains perfectionnèrent leur
législation et leurs relations sociales, les obligations de-
vinrent d'un usage de plus en plus fréquent, et l'on ne
tarda pas à ressentir le besoin d'une formule large, qui,
par la généralité de ses termes, embrassât toute espèce de
dettes, les éteignît par la novation en les transformant en
une obligation verbale, et annihilât cette obligation par
une acceptilation.
Ce fut un des contemporains de Cicéron, le préteur

Aquilius Gallus, qui se chargea de la rédaction de cette formule, à laquelle, d'ailleurs, il a donné son nom. Nous ne pouvons mieux faire que d'en transcrire ici le texte : « Tout ce que vous devez ou devrez me donner ou faire « pour moi, en vertu d'une cause quelconque, actuellement « ou à terme, toute chose à l'occasion de laquelle j'ai ou « j'aurai contre vous une action, demande ou poursuite, « ce que vous avez à moi, ce que vous tenez, possédez ou « avez possédé, ou bien ce que vous avez fait en sorte par « dol de ne plus posséder : quelle qu'en soit ou en doive être « la valeur, Aulus Augérius a stipulé qu'on le lui paierait « et Numérius Négidius l'a promis. — Puis ensuite Numé- « rius Négidius a interrogé Aulus Augérius : Tout ce que « je t'ai promis aujourd'hui par la stipulation aquilienne, « le tiens-tu pour reçu ? — Aulus Augérius a répondu : Je « l'ai et je le tiens pour reçu. »

Telle était la célèbre formule aquilienne, que le préteur avait imaginée pour obvier aux rigueurs du droit strict et faciliter l'extinction des obligations.

20. Il est maintenant facile de comprendre comment se formait la transaction. Intervenait-elle sur une obligation verbalement contractée ? Rien de plus simple : elle se pro-duisait sous la forme de l'acceptilation ; dans tout autre cas, la novation la transformait au préalable en une obli-gation verbale que l'on éteignait par l'acceptilation ; et cette opération complexe s'opérait par la formule aqui-lienne.

21. Voilà donc la transaction faite. Supposons à présent que le défendeur, qui a pris des engagements, refuse de les exécuter. Quels moyens de contrainte accorderons-nous à son adversaire ?

S'il y a eu stipulation, le stipulant aura l'action *ex sti-pulatu*; sinon, il devra exercer l'action *præscriptis verbis*.

22. Il ne nous reste plus qu'à indiquer un autre mode que les Romains employaient fréquemment pour former les transactions. Je veux parler du pacte *de non petendo*, obligation par laquelle, comme le nom l'indique, les parties s'engageaient à ne pas se réclamer à l'avenir ce sur quoi elles avaient transigé.

Il semble au premier abord que cette transaction soit fort naturelle; néanmoins le droit strict n'ayant pas indiqué et reconnu ce genre de pacte, une logique rigoureuse refusait de lui accorder le moindre effet. Mais le droit prétorien qui avait pour mission de corriger ce que le droit civil pouvait avoir de trop sévère et de peu équitable, accorde au défendeur l'exception qui découle de ce pacte.

23. Si la transaction intervient quand l'instance est déjà engagée, après la *litis contestatio*, on peut se demander quel sera le résultat de cette instance?

Dans la stricte rigueur du droit, le demandeur peut la poursuivre. Mais le défendeur obtiendra du juge gain de cause, en vertu d'une exception de dol; car, dit Ulpien, c'est commettre un dol que de continuer à demander après la transaction. C'est ce qui résulte évidemment d'un texte assez obscur, la loi 23, § 3, au Digeste, *de Conditione indebiti*.

24. Quelles sont les différentes modalités qui peuvent affecter la forme des transactions?

Nous n'avons à cet égard qu'à nous référer au droit commun. Le terme, la condition, le mode, l'accession, la solidarité, la clause pénale peuvent également être stipulées à l'appui d'une transaction.

Observons toutefois que la dernière, la clause pénale, était très-souvent employée à Rome, tantôt pour garantir l'exécution des obligations nouvelles, naissant de la transaction, tantôt surtout pour empêcher le demandeur de recommencer un procès que la transaction a précisément eu pour but d'éteindre à jamais.

CHAPITRE III.

SUR QUOI PEUT PORTER UNE TRANSACTION.

25. Le magistrat peut avoir à déterminer le sens précis et l'exacte portée d'une transaction. Il doit alors rechercher avec soin quelles sont, au juste, les difficultés tranchées par la convention ; c'est une question d'interprétation de la volonté des parties, qui peut être rendue fort délicate par l'insertion d'une clause très-usitée par les Romains, je veux parler de la clause *nihil amplius peti,* par laquelle on entendait déclarer qu'il ne serait désormais rien demandé en sus des avantages accordés par la transaction.

Evidemment, quand on a affaire à une transaction portant sur une ou même plusieurs difficultés déterminées, aucun embarras ne peut s'élever. La loi 31, au Code, *de Transactionibus,* donne des exemples dont la solution se commande d'elle-même. (Comparer L. 3, § 1, Dig., *de Transact.*)

26. Mais où le doute peut s'imposer à l'esprit du juge, c'est lorsqu'il se trouve en présence d'une transaction, dont le caractère général ne laisse pas facilement entrevoir l'étendue. Les parties ont transigé sur tout un ensemble de difficultés, telles que la reddition de comptes d'un tuteur. Peut-être même ont-elles généralisé plus encore, en embrassant, dans leur transaction, toutes les difficultés, de quelque nature qu'elles soient, quelque différentes qu'elles puissent être, qui peuvent exister entre elles.

Nous pensons qu'alors il faut entendre la clause *nihil amplius peti* dans un sens restrictif. N'oublions pas que l'abandon d'un droit ou d'une prétention ne se présume pas. (L. 9, § 1, Dig. *de Transact.*)

Ainsi c'est un testament sur lequel des difficultés se sont élevées ; elles ont été tranchées par une transaction : il est certain que si l'on découvre postérieurement des codicilles, on ne pourra invoquer ladite transaction pour empêcher leur exécution. (L. 12, Dig., *de Transact.*)

Ainsi encore, un fils exhérédé transige avec l'institué sur la totalité de la succession ; il ne pouvait encore savoir s'il n'obtiendrait pas du préteur la *querela inofficiosi testamenti* ; plus tard, s'il a lieu de l'intenter, la transaction ne l'en empêchera pas, puisqu'au moment où elle a été passée, les motifs de rescision du testament n'existaient pas encore. C'est Ulpien qui nous l'enseigne. (L. 9, § 3, Dig., *de Transactionib.*)

27. Nous avons dit plus haut, n° 12, qu'une des conditions vitales, essentielles à l'existence de la transaction, était qu'elle eût pour objet un droit *douteux.* Ceci a besoin d'être soigneusement expliqué. Suffit-il qu'un droit soit douteux pour qu'on puisse transiger ?

Que faut-il penser d'une transaction portant sur des droits d'une certaine nature, tels qu'une question d'état, un crime ou un délit ? Cela peut être fort délicat, et je me propose d'étudier séparément ici les deux hypothèses, que je viens d'énoncer.

I. — TRANSACTION SUR UNE QUESTION D'ÉTAT.

28. Peut-on transiger sur une question d'état? Supposons un esclave qui a transigé avec son maître pour obtenir de lui la liberté. Nous rencontrons immédiatement un obstacle dans la loi 13, au Code, *de Transactionibus : Nec enim dubii juris est, dominos cum servis suis paciscentes, ex placitis teneri atque obligari non posse.* Ainsi donc toute convention qui intervient entre le maître et son esclave, est nulle de plein droit

Malgré ce texte formel, nous proposons de valider la transaction ainsi intervenue ; il suffit, pour nous justifier, de se reporter à la loi 43 du même titre : *Jubemus,* dit l'empereur Anastase, *in omnibus litigiis jam motis et pendentibus seu postea super servili vel ad scriptitia conditione, transactiones celebrandas vel jam celebratas vires suas obtinere.* Ce texte ne peut être plus formel.

29. Néanmoins nous devons faire des réserves à cet égard. La transaction qui intervient pour rendre à l'homme esclave ce bien précieux, cette noble et divine faculté qu'on nomme la liberté, celle-là nous l'admettons. Mais nous nous refuserons toujours à accepter la validité d'une transaction qui aurait pour résultat de rendre esclave un homme libre. Cette question, qui révolterait singulièrement nos idées modernes, ce pacte monstrueux qui riverait à jamais à la chaîne de l'esclavage un homme libre, et cela de son propre consentement, et non-seulement lui, mais sa femme, mais sa prostérité, doit se résoudre dans un sens prohibitif, même dans le droit des Romains, dont les principes sur cette matière étaient pourtant bien différents des nôtres.

En effet, n'avons-nous pas exigé, comme condition essentielle à la transaction, que les deux adversaires se fissent des concessions réciproques ? Et où verrait-on la réciprocité de la part de celui qui deviendrait le maître de ce nouvel esclave ? Il serait son propriétaire, son *dominus;* et l'autre serait sa chose, classé parmi les terres, les objets de toute nature, les bêtes de somme ; et ce n'est pas contre un avantage pécuniaire que l'homme aurait pu troquer ainsi sa liberté : *et quodcumque per servum acquiritur, id domino acquiritur* (Instit., liv. I, titre 8, § 1). Tout ce que l'esclave acquiert est acquis au maître ! D'ailleurs à l'époque où le droit romain florissait avant Justinien, on avait déjà reconnu et proclamé hautement ce grand principe que la liberté est inaliénable et sacrée !

30. La loi 10 au Code, *de Transact.*, nous apprend qu'un neveu peut transiger avec son oncle sur sa légitimité et sur la succession de son père : *de paterna successione, ac statu etiam nunc contra fidem sanguinis......* dit le texte.

II. — TRANSACTION SUR CRIMES OU DÉLITS.

31. Le principe qui régit cette matière est que l'on ne peut faire porter une transaction que sur des intérêts privés ; l'intérêt public est en dehors et à l'abri d'une semblable convention. *Et in cœteris igitur*, dit Ulpien, *omnibus ad edictum prætoris pertinentibus, quæ non ad publicam læsionem sed ad rem familiarem respiciunt pacisci licet. Nam et de furto pacisci lex permittit.* (*De pactis,* Dig. L. 7, § 14.) Ainsi tous les *delicta privata* des Romains étaient susceptibles d'être réparés par transaction, puisque l'action pénale qu'ils engendraient avait pour but une réparation pécuniaire.

2

32. La question devient bien plus grave en ce qui concerne les crimes. Ils étaient de deux natures, à Rome ; on distinguait soigneusement les *crimina publica*, que tout citoyen pouvait, en principe, intenter et qui se terminaient par une condamnation criminelle, des *crimina privata*, qui, tout en ayant aussi pour but l'application d'une peine afflictive, étaient en même temps l'objet d'une demande d'argent, pour réparer le dommage privé qui en était résulté.

Dans quels cas pouvait-on faire intervenir une transaction pour éteindre les poursuites ?

Etudions d'abord la question quant aux *crimina publica*.

33. Toute société bien organisée doit être protégée contre les atteintes qui peuvent, d'un instant à l'autre, menacer gravement sa prospérité et même les bases fondamentales de son existence. Il importe donc essentiellement que tout acte préjudiciant soit aux intérêts sociaux, soit à la personne même des citoyens, qui composent une nation policée, trouve le plus promptement possible une répression énergique et efficace.

Or, les Romains, malgré les perfectionnements admirables qu'ils firent sans cesse subir à leur législation, ne parvinrent point à imaginer cette merveilleuse institution, que nous voyons fonctionner en France sous la dénomination de *ministère public*, et qui rend, dans notre société moderne, de si éclatants services.

A Rome, tout citoyen pouvait dénoncer à la justice l'homme qu'il prétendait coupable d'un *crimen publicum*, et réclamer directement l'application de la loi pénale. Dans un pareil système, un écueil était à redouter. On pouvait craindre que celui qui se rendait coupable et qui avait connaissance d'un témoin de son crime, n'allât trouver celui-ci et, par des offres d'argent, ne parvînt à étouffer la voix qui se disposait à le dénoncer. La justice n'eût bientôt plus été possible, et la corruption, ainsi favorisée par le silence des lois, aurait singulièrement hâté la chute de cette société romaine, déjà si profondément démoralisée.

Un tempérament était donc nécessaire. Il fallait prohiber sévèrement de telles transactions entre le crime et le châtiment. Aussi le jurisconsulte Paul, au livre I de ses Sentences (tit. I, § 4 et 7), pose-t-il le principe si indispensable : *Neque contra leges, neque contra bonos mores pacisci possumus. Pactum contra jus, aut constitutiones, aut senatusconsultum interpositum nihil momenti habet... De criminibus propter infamiam nemo cum adversario pacisci potest.*

Telle était donc la règle certaine, fondamentale.

34. Mais à cette règle, il fallait une sanction. Des trans-actions clandestines eussent été trop fréquemment à craindre. Une pénalité sévère devait être imposée à ceux qui seraient convaincus d'avoir fait un pareil pacte avec leur conscience ; cette faute devait, pour ainsi dire, être élevée à la hauteur d'un crime. Le témoin, qui avait ainsi vendu son silence, était donc condamné à restituer ce qu'il avait reçu, à payer une amende du triple, à être déporté ; il était, de plus, dépouillé pour l'avenir, comme indigne de l'exercer, de ce droit d'accusation, qui appartenait à tout citoyen. (Comparer au Digeste, les lois 1, § 1, *de Calumn.* — 2, *de Concuss.* — 1, § 13, *de Lege Cornel. de fals.* — 4 et 8, *de Accus. et inscript.*)

35. Les jurisconsultes de Rome étaient allés plus loin. La transaction même, passée par le coupable, constituait, de la part de celui-ci, un aveu de sa culpabilité. C'est ce

que déclare formellement Ulpien, dans la loi 4, au Dig.,
de Jure fisci.

Tels étaient, chez les Romains, les principes fondamentaux sur les *crimina publica.*

36. Il nous reste à voir ce que l'on décidait, quant aux *crimina privata.* Il semblerait, au premier abord, que l'on dût séparer les deux idées que cette expression renferme, à savoir : l'attentat à l'ordre social et le préjudice à l'intérêt privé ; et décider, en conséquence, que la transaction, sévèrement prohibée pour la poursuite publique, pourrait avoir lieu, relativement à la réparation du dommage privé. Cependant, il faut reconnaître que les Romains n'acceptaient pas cette distinction, et rejetaient énergiquement toute transaction sur les crimes privés. On peut s'en convaincre en lisant la loi 7, § 1, au Dig., *ad sc. Turpil.*

CHAPITRE IV.

CAPACITÉ DE FAIRE UNE TRANSACTION. A QUI ET PAR QUI EST-ELLE OPPOSABLE?

37. La règle générale, en matière de capacité, c'est évidemment l'égalité absolue. Ce qui est permis à l'un, l'autre doit pouvoir également le faire. Cet axiome de droit naturel n'offense en rien certains principes politiques qui ont présidé à l'existence d'un grand nombre de peuples. Si beaucoup de législations, en effet, se sont refusées à admettre l'égalité des citoyens en matière politique, toutes, au contraire, se sont plu toujours à la proclamer devant la loi purement civile.

Peut-être, en affirmant cette doctrine, nous trouvera-t-

on en contradiction avec l'institution célèbre de l'esclavage.
Je reconnais que l'esclavage avait détruit cette égalité pré-
cieuse de tous les citoyens devant la loi civile. Mais je
trouve précisément ma justification dans la théorie qu'a-
vaient conçue les Romains sur les esclaves. Veut-on savoir
la définition que donne Justinien de l'esclavage ? *Servitus
autem est constitutio juris gentium, qua quis domino alieno
contra naturam subjicitur.*

Ainsi, tout en reconnaissant que cette institution est
contre nature, il la proclame du *droit des gens,* et il déclare
que l'esclave tombe dans le *dominium*, dans le domaine de
son maître ; il devient sa chose : ce n'est plus un homme,
c'est une propriété. Donc l'esclave, dont la dignité humaine
est ainsi dégradée, ne peut compter parmi les citoyens, et
c'est à ceux-là seulement que l'on accorde les droits civils.

38. Mais chez tous les peuples on a reconnu que certains
citoyens devaient, soit à cause de la faiblesse de leur intelligence, soit par suite des exigences de l'organisation politique et sociale particulière à une nation, être privés dans
une certaine mesure, non pas de la jouissance même, qui
est inhérente à leur qualité de citoyen, mais de l'exercice
de leurs droits civils. Et c'est ainsi que l'on est arrivé à
créer des classes de personnes auxquelles on reconnaissait
bien, en principe, le droit de contracter, mais que l'on pri-
vait, tantôt dans un intérêt particulier, tantôt en vue de
l'utilité générale, du précieux avantage d'user de ce droit.

39. Comme nous n'avons point de règles spéciales sur
l'incapacité de transiger, et que nous devons nous référer
simplement au droit commun sur cette matière, je me
contenterai d'analyser brièvement les principes généraux
qui régissaient les incapables à Rome.

40. Les lois romaines avaient établi sept classes d'incapables : 1° les fous ; 2° les mineurs ; 3° certains majeurs ; 4° les prodigues ; 5° les esclaves ; 6° les colons ; 7° enfin, les fils de famille.

Remarquons que les quatre premières classes dérivent du droit naturel et se retrouvent par conséquent chez tous les peuples et dans toutes les législations ; les trois dernières, au contraire, ont leur source dans l'organisation politique de la société romaine.

Jetons un rapide coup d'œil sur chacune de ces incapacités.

I. — LES FOUS.

41. Je crois qu'il suffit d'énoncer cette vérité évidente que, si une transaction venait à être passée par un homme dans un moment où il aurait totalement perdu son intelligence et sa volonté libre, l'acte serait infecté d'une nullité radicale, et nul ne pourrait le considérer comme sérieux. (L. 5, Dig., *de Div. reg. jur.*)

II. — LES MINEURS.

42. Et d'abord, est-il bien utile d'observer que les mineurs qui n'ont pas encore atteint ce que nous appelons l'âge de raison, qui sont encore dans cette période d'extrême jeunesse qu'à Rome on connaissait sous le nom *d'infantia*, doivent être considérés comme absolument impuissants à faire un acte juridique quelconque ?

Cette solution, qui résulte de la nature même, sera encore fortifiée par une observation préliminaire, qui servira de fondement aux questions qui nous occupent.

Un des caractères distinctifs de la vieille législation romaine, c'est la nature exclusivement personnelle de l'exercice de la capacité. Point de mandataires dans les contrats; point de représentants devant la justice. Il en résulte que les incapables eux-mêmes devaient non-seulement être présents, mais encore jouer un rôle actif, principal, dans les cérémonies toujours solennelles qui étaient la forme obligatoire de tous les actes juridiques.

Ainsi, loin d'être représenté par le tuteur que la loi accordait à sa faiblesse, le mineur devait agir lui-même, contracter lui-même, ester lui-même en justice; son tuteur devait être présent ; mais son rôle était purement passif ; il l'assistait de ses conseils, donnant son adhésion aux actes de son pupille, leur octroyait par sa présence la validité dont, sans lui, ils eussent été dépourvus, en un mot, il suppléait à la faiblesse de son jeune âge par *l'auctoritas*. Et Justinien, aux Institutes, liv. I, tit. 21, nous enseigne dans quels cas cette *auctoritas*, car c'était le terme consacré, devenait nécessaire.

43. Tous actes passés par le pupille, dans lesquels celui-ci s'obligeait, devaient être faits *auctoritate tutoris*.

Lors donc que le pupille rend sa position meilleure, il peut agir seul; mais si l'acte qu'il passe peut entraîner contre lui une obligation quelconque, son tuteur lui est indispensable. Voyez ce que dit Justinien : « In his causis, « in quibus *mutuœ obligationes* nascuntur, in emptionibus « venditionibus, locationibus conductionibus, mandatis, de « positis, si tutoris auctoritas non interveniat, ipsi quidem, « qui cum his contrahunt, obligantur ; et invicem, pupilli « non obligantur. »

Or, la transaction n'est-elle pas une *mutua obligatio* ? ne crée-t-elle pas des obligations réciproques? Disons donc sans hésiter que le mineur ne peut jamais transiger sans *l'auctoritas* de son tuteur.

44. Sous la législation justinienne, il faut aller plus loin ; on en était arrivé à reconnaître au tuteur le droit d'agir seul au nom de son pupille, mais, bien entendu, sous sa propre responsabilité. C'est ce qui résulte évidemment de deux lois que nous trouvons au Digeste (L. 46, § 7, *de Admin. et peric. tut.* — L. 54, § 4, *de Furt.*).

III. — CERTAINS MAJEURS.

45. Nous voulons parler de ceux qui, ayant dépassé l'âge de leur majorité, n'ont pas encore atteint leur vingt-cinquième année.

Quoique pleinement capables de passer seuls tous les actes permis par la loi, on pensait qu'ils n'avaient pas encore atteint la maturité de l'âge, qui seule donne au jugement cette rectitude et cette autorité, résultant d'une volonté ferme, intelligente et libre.

L'acte passé par un mineur de vingt-cinq ans, la transaction, par exemple, était parfaitement valable selon le droit civil. Mais il pouvait, si cette transaction lui préjudiciait, obtenir du préteur la *restitutio in integrum.* La lésion était l'élément essentiel de la restitution ; le magistrat n'avait pas, en effet, à protéger le mineur qui faisait bien ses affaires. De là une des plus célèbres maximes que nous ait léguées la législation romaine : *Minor restituitur non tanquam minor, sed tanquam læsus.*

Observons enfin que les mineurs de vingt-cinq ans pouvaient obtenir de l'empereur la *venia œtatis :* cette faveur avait pour résultat de les faire considérer comme majeurs de vingt-cinq ans dans tous les actes de leur vie civile.

IV. — LES PRODIGUES.

46. Quant aux majeurs qui ont été interdits pour cause de prodigalités, ils sont replacés par la loi même dans la

situation où ils étaient avant d'être majeurs. Ce sont de véritables mineurs, et je m'en réfère purement et simplement à ce que j'ai exposé sous les n°s 42, 43 et 44.

V. — LES ESCLAVES.

47. J'ai déjà expliqué la situation juridique de l'esclave à Rome (n° 37). — Vis-à-vis de son maître, ai-je dit, c'est une chose, c'est un objet, sur lequel repose le droit de propriété; ce n'est pas un citoyen au service d'un autre citoyen; c'est un être vivant qui est, comme la bête de somme, dans le *dominium* du citoyen romain. Donc, pas de contrat, pas de transaction possible entre le maître et l'esclave!

Je cite à l'appui de ce raisonnement un texte formel : *nec enim dubii juris est, dominos cum servis suis paciscentes, ex placitis teneri atque obligari non posse* (L. 13, Cod., *de Transact.*).

48. A l'égard des tiers, nous ne voyons qu'un seul cas dans lequel le *servus* puisse transiger. C'est lorsque son maître lui a confié un pécule et lui en a accordé la libre administration; dès lors l'esclave peut transiger sur tout ce qui concerne ce pécule.

N'oublions pas toutefois que l'esclave peut servir de mandataire à son maître; et que, dans ce cas, il peut transiger sur les choses dont celui-ci lui a confié la gestion, pourvu qu'il n'outrepasse pas les termes de son mandat.

VI. — LES COLONS.

49. Nous n'avons nullement l'intention d'aborder ici la discussion historique qui s'est toujours vivement élevée sur l'institution du colonat. Outre qu'elle demanderait de fort ongs développements, il est incontestable qu'elle est com-

plétement en dehors du cadre de ce travail. Nous nous bornerons à dire que, à nos yeux, le colonat était une sorte de moyen terme entre l'homme libre et l'esclave. Né dans la liberté, car les textes lui donnent souvent la dénomination d'*ingenuus*, le colon est esclave, sans avoir cependant abjuré d'une manière absolue ce don précieux de Dieu.

Il est présumable que l'épuisement considérable des populations italiennes, résultat nécessaire des sanglantes et nombreuses guerres civiles, qui affligèrent presque sans relâche la république romaine, fut l'origine de cette institution du colonat. Pour obvier au manque de bras, on fit des concessions de terres à des hommes libres, qui, réduits à la plus extrême misère, échangèrent ainsi leur liberté contre les choses les plus indispensables à l'existence.

50. Tels que nous les connaissons, les colons pouvaient-ils faire une transaction? Nous répondrons par la loi 2, au Code, *in quibus causis coloni, etc.* « *cum enim sæpissime decretum sit, ne quid de peculio suo cuiquam colonorum ignorante domino prædii, aut vendere, aut alio modo alienare liceret ; quemadmodum contra ejus personam æquo poterit jure consistere, quem nec propria quidem leges sui juris habere voluerunt, et acquirendi tantum, non etiam transferendi potestate permissa domino, et acquirere et habere voluerunt ? »*

Nous le voyons : incapables de disposer de leur pécule sans le concours de leurs maîtres, les colons ne peuvent, c'est la condition nécessaire, transiger sans leur assentiment.

VII. — LE FILS DE FAMILLE.

51. On sait que l'organisation politique de Rome avait fait de la famille une sorte d'état dans l'état. Le *paterfami-*

lias était maître absolu chez lui, et les anciennes lois civiles
mettaient ses propres enfants au même rang que ses esclaves. Il est permis de penser que c'est là une des sources
les plus fécondes et les plus puissantes, malgré les déplorables abus qui en résultaient souvent, de la grandeur et de
stabilité de la république romaine. Quoi qu'il en soit, cette
assimilation du fils de famille à l'esclave nous indique l'incapacité du premier, comme du second, à transiger. Juridiquement la situation est exactement la même.

52. Toutefois l'équité prétoriale et, plus tard, les idées
humanitaires que le christianisme introduisit sous le règne
des premiers empereurs romains apportèrent de sérieux
tempéraments à cette sévérité du droit civil.

C'est ainsi que le sénatus-consulte Macédonien accorda
au fils de famille la faculté de disposer librement de son
pecule *castrense* (L. 2, Dig., *de sc. maced.*), et cela, au point
que Ulpien décide que le père ne pourrait plus lui-même
exercer sur ce pécule ou sur les biens de son fils émancipé
le moindre acte de disposition : *De re filiorum, quos in potestate non habuit, transigentem patrem minime eis obesse
placet* (L. 10, Dig., *de Transact.*).—Il faut adopter la même
solution pour le pécule *quasi-castrense*.

Mais le père ayant l'usufruit, et le fils la nue-propriété
du pécule *adventice*, nous pensons que la transaction, y
relative, doit être faite du consentement des deux intéressés.

Voilà les principes généraux que nous avions à poser sur
la capacité de transiger. Il nous reste la seconde division
de notre chapitre : à qui et par qui la transaction est-elle
opposable ?

53. Il existe un principe qu'il suffit d'énoncer pour le

faire accepter : la transaction, étant une convention, ne
peut avoir d'effet qu'à l'égard des personnes qui y ont
figuré comme parties. Mais nous touchons ici à une des
plus délicates questions qui puissent se présenter à l'esprit
des jurisconsultes. Quelles personnes doit-on considérer
comme parties? Quelles autres, au contraire, appellerons-
nous des tiers? La difficulté naît de ce que les ayants-cause
devant, bien entendu, être assimilés aux parties, ils sont
fréquemment difficiles à distinguer des tiers.

54. Sans entrer dans la discussion de ce problème, nous
dirons que nous considérons comme parties en cause :

1º Les personnes qui ont figuré dans la transaction
personnellement, y ayant un intérêt principal et direct ;

2º Celles qui, ne figurant pas elles-mêmes, y ont été
régulièrement représentées au même titre, par un mandataire légal ou conventionnel ;

3º Les héritiers et successeurs universels des parties ;

4º Enfin, et c'est là le point le plus délicat, les héritiers
particuliers des parties, lorsque les droits qu'ils tiennent
de leur ayant-cause sont antérieurs à ceux de celui qui a
transigé avec ce même ayant-cause. En un mot, l'avantage
doit rester à celui qui peut invoquer en sa faveur l'antério-
rité de propriété du droit en litige.

55. Que faut-il décider quant aux créances? Il faut, bien
entendu, écarter le cas où le créancier a une hypothèque,
car alors son droit est inviolable, ainsi que l'hypothèse où
l'on aurait lieu d'appliquer l'action paulienne. C'est un
créancier chirographaire, et un débiteur de bonne foi.
Alors, il est clair que la transaction que ce débiteur passera
avec un étranger leur sera opposable et pourra bien, par
conséquent, modifier les garanties dont ils jouissaient.

Mais leur créance, en tant que créance, reste bien toujours la même.

56. Voilà les catégories de personnes auxquelles la transaction peut être opposée ; tout individu ne rentrant pas dans une de ces classes devra donc être considéré comme un tiers.

57. Par qui une transaction peut-elle être opposée ? Par toute personne ayant joué dans cette transaction le rôle de partie ou d'ayant-cause.

CHAPITRE V.

DE LA RESCISION DES TRANSACTIONS.

58. Tout acte juridique, toute convention peut être affectée d'un vice radical qui porte obstacle à son existence même ; on dit alors qu'elle est nulle, et rien dans ce cas ne peut, je ne dirai pas la relever de cette déchéance, mais lui donner un souffle de vie. C'est une chose qui n'existe pas, c'est le néant. Il est, par conséquent, inutile de demander en justice la nullité d'une semblable convention : incapable d'être ratifiée dans l'avenir, la transaction ainsi passée est atteinte d'une nullité absolue.

Cette nullité peut résulter soit de l'absence d'une des conditions essentielles à l'existence de la transaction, soit du caractère illicite de l'objet sur lequel elle porte, soit enfin de l'incapacité des contractants.

Je n'ai rien à dire sur ces cas de nullité, m'en référant aux chapitres que j'ai consacrés à les étudier, et j'aborde la dernière division de ce travail sur le droit romain, je veux parler de la rescision des transactions,

59. Il ne s'agit plus ici d'un *vinculum juris* que les parties ont cru former et qui, en réalité, n'existe pas, soit à cause de leur propre incapacité, soit parce qu'elles ont agi en dehors des règles absolument indispensables à la formation du pacte qu'on appelle transaction.

Il faut supposer, au contraire, une transaction, qui existe bien réellement, faite avec la réunion des quatre conditions essentielles, que nous avons étudiées dans notre premier chapitre, intervenue entre personnes capables et sur un objet licite, une transaction accomplie selon toutes les formes du droit civil.

Mais il faut supposer également que cette transaction est infestée d'un vice particulier qui, sans nuire au principe radical de son existence, est cependant de nature à permettre au magistrat de le rompre pour l'avenir, sur la demande directe des parties.

60. Quel peut donc être ce vice, qui altère si profondément la vitalité de la transaction? C'est le défaut, non pas absolu, mais relatif, du consentement.

Si, en effet, le consentement manquait d'une manière complète, la transaction serait plus qu'annulable, elle serait tout à fait nulle. Il est tellement évident que la volonté est l'élément premier, fondamental d'une convention, que je n'ai pas même indiqué sa présence comme nécessaire à l'existence d'une transaction. La volonté peut n'être pas parfaitement libre, parfaitement éclairée, et nous verrons tout à l'heure quel peut être le résultat de cette imperfection ; mais au moins doit-elle exister, et présider à l'accomplissement de la transaction.

A quels signes pourra-t-on donc reconnaître que ce consentement qui existe réellement, est assez sérieusement et gravement vicié pour que des doutes puissent naître sur sa parfaite légitimité ?

61. Il peut être bon de se faire une idée très-précise du but, de l'utilité, de la nature même de la transaction.

La transaction, avons-nous dit au nº 14, résulte de concessions réciproques, que deux personnes, ayant des intérêts opposés, se font *sponte sua*, pour terminer un différend, ou mettre fin à l'incertitude de leurs droits respectifs. C'est là le but qui découle de la définition, que nous avons établie, de la transaction. Mettre un terme définitif à un procès ruineux, l'empêcher peut-être de naître, en tout cas, couper la racine à des dissensions fâcheuses et inquiétantes pour l'avenir, tracer une limite fixe et irrévocable à des prétentions, peut-être justes, peut-être exagérées, sur lesquelles on préfère s'accorder de mutuelles concessions, plutôt que d'attendre les éclaircissements de l'avenir sur la nature et l'étendue certaine des droits de chacun, voilà incontestablement le mobile principal qui anime ceux qui transigent.

Si donc, plus tard, on vient à reconnaître que le droit, sur lequel on avait transigé, parce que, alors, on le considérait comme douteux et plein de périls, était en réalité un droit certain, qui appartenait à l'une des parties dans toute son intégralité, tandis qu'il était absolument étranger à l'autre, sera-t-on admissible à se plaindre d'avoir été lésé, trompé, d'avoir transigé, sans être suffisamment éclairé sur la qualité et la nature de son droit ?

Assurément non ! Car c'est précisément pour éviter cette longue attente, ces dangereuses et pénibles incertitudes sur un droit qui était alors, ou tout au moins qu'on croyait douteux, mais qu'on devait bien présumer devoir être un jour complétement éclairci, que l'on s'est décidé à sacrifier librement, volontairement, une partie de ce droit pour en sauver le reste et s'en assurer dorénavant la propriété certaine et exclusive.

Ce n'est donc pas dans cet ordre d'idées qu'il faut chercher le vice du consentement. (L. 23, Cod., *de Transact.*)

62. Nous le trouverons dans les hypothèses toutes spéciales où la loi déclare elle-même que le consentement a été entraîné par une connaissance inexacte de l'affaire, soit qu'il ait été donné par une personne privilégiée pouvant nuire aux autres sans pouvoir se nuire à elle-même, soit qu'il ait été le résultat d'une fraude ou d'une violence, soit enfin que, par de fausses pièces et de faux titres, on ait persuadé au contractant qu'il avait tout intérêt à accepter un arrangement, que, sans cela, il n'eût pas ratifié.

Quatre cas donc où la transaction sera rescindable : 1° lésion envers un mineur de vingt-cinq ans ; 2° dol ; 3° violence ; 4° emploi de fausses pièces.

Une explication est nécessaire sur chacun de ces cas.

I. — LÉSION D'UN MINEUR DE VINGT-CINQ ANS.

63. Je n'ai pas à revenir sur ce vice du consentement, sur lequel j'ai déjà donné des explications sous le n° 45. J'ai donné le sens de cette célèbre maxime : *Minor restituitur, non tanquam minor, sed tanquam lœsus.* Si donc il établit que la transaction lui porte préjudice, il obtiendra du préteur la *restitutio in integrum.*

II. — DOL.

64. Le dol a toujours été considéré comme un vice du consentement. En effet, la victime du dol n'agit pas réelle-

ment en connaissance de cause, et ajoutons qu'il serait immoral de voir l'auteur de la fraude venir profiter audacieusement d'un état de choses qu'il a criminellement établi.

De tout temps donc on a réprimé le dol, en reconnaissant que les conventions qui en résultaient pouvaient être rescindées: *Qui per fallaciam*, nous dit Ulpien, *coheredis ignorans universa, quæ in vero erant, instrumentum transactionis sine Aquiliana stipulatione interposuit, non tam paciscitur, quam decipitur.* (L. 9, § 2, Dig., *de Transact.*)

La victime du dol aura l'action spéciale *de dolo*, pour se faire restituer contre la fraude.

III. — VIOLENCE.

65. Si le simple dol est un motif suffisant de rescision de la transaction, à bien plus forte raison doit-il en être de même de la violence. Cette vérité n'a aucunement besoin d'être développée.

Deux actions appartiennent à celui qui établit avoir cédé aux inspirations d'une crainte sérieuse et légitime : l'action *quod metus causa* et la *restitutio in integrum*. Il y aurait toute une théorie à rappeler sur chacune de ces deux célèbres actions du droit romain.

Nous croyons cette digression trop en dehors de notre sujet ; nous nous contentons de les indiquer.

IV. — EMPLOI DE FAUSSES PIÈCES.

66. C'est la loi 42, au Code, *de Transact.*, qui nous indique et détermine l'emploi de ce mode de rescision tout particulier aux transactions : *Si ex falsis instrumentis*, y est-il dit, *transactiones vel pactiones initæ fuerint, quamvis jusju-*

3

*randum de his interpositum sit, etiam civiliter falso revelato.
eas retractari præcipimus.*

Mais lorsqu'une partie de la transaction a seule été
obtenue par l'usage de ces fausses pièces, elle seule doit
être rescindée, *aliis capitulis*, dit le texte, *firmis manentibus :*
cependant il ajoute : *nisi forte etiam de eo, quod falsum
dicitur, controversia orta decisa sopiatur.*

Comme ce vice du consentement n'est, en réalité, qu'une
variété du dol, nous croyons, en présence du silence des
textes, que la victime pourra employer l'action *de dolo.*

Telles sont les principales règles que nous avons cru
devoir exposer sur les transactions, telles que les Romains
les comprenaient, avant d'aborder cette difficile matière
dans notre droit civil moderne.

SECONDE PARTIE.

DES TRANSACTIONS

SOUS LE RÉGIME DU CODE NAPOLÉON.

(Art. 2044-2058.)

---

67. L'article 2044 du Code civil définit ainsi la transaction :

Un contrat par lequel les parties terminent une contestation née, ou préviennent une contestation à naître.

Sur cette définition, que du reste je me réserve de critiquer dans peu d'instants, il faut faire deux observations principales, que la lecture de ce texte présente tout naturellement à l'esprit.

68. La première c'est que la loi appelle la transaction un CONTRAT. Nous avons pris grand soin de ne pas nous servir de cette expression, tant que nous avons étudié les principes qui gouvernaient cette matière en droit romain. Nous l'avons appelée indifféremment une convention, un pacte. C'est qu'en effet, les Romains étaient, nous avons eu l'occasion déjà de le remarquer, des esprits dirigés par les

règles d'une inflexible logique ; formalistes par excellence, ils se plaisaient dans les disputes interminables d'une excessive subtilité. A mesure qu'ils marchaient dans la route du progrès, leur culte exagéré pour leurs vieilles traditions, et pour tout ce qui se rattachait à leur législation primitive, les empêchait d'apporter à leurs lois les plus pratiques une amélioration et des perfectionnements pourtant bien nécessaires.

C'est ainsi que, conservant toujours les rigueurs de leur droit civil ancien, que les préteurs s'étaient tant efforcés de ramener à des principes plus équitables à force de distinctions et de procédés délicats et ingénieux, ils n'eurent jamais qu'un très-petit nombre de contrats proprement dits, seuls rendus complétement efficaces par le droit strict, et entourés, dans leur accomplissement, de cérémonies solennelles et de rigueur.

Toutes les autres conventions s'appelaient de simples pactes et n'avaient d'autorité que par l'équité du juge, qui les protégeait au moyen de quelques actions spéciales et surtout d'exceptions.

De nos jours, il va sans dire qu'il n'en est plus ainsi. Conçue dans un esprit plus libéral et plus rationnel, notre loi civile met toutes les conventions au même rang, parce qu'elle cherche, avant tout, à simplifier les procédures, à faciliter les relations de toute sorte entre les citoyens et à les mettre au niveau de la plus parfaite égalité.

Nous pouvons donc sans crainte donner dans notre droit le nom de *contrat* à la transaction.

69. Notre seconde observation sur l'article 2044 portera sur le caractère litigieux que doit présenter toute transaction. Ce contrat ne pourrait donc plus porter, comme à Rome, sur des droits simplement incertains, comme dépendant d'un terme ou d'une condition.

Quant à la question de savoir ce qu'il faut au juste entendre par droits litigieux, c'est là une question de fait que le magistrat devra trancher en étudiant le caractère exact de l'acte qu'il est chargé d'apprécier. D'assez vives controverses se sont élevées sur ce point.

Les uns ont pensé que, tout déraisonnable que pût être le procès qu'elle a empêché, dès lors qu'il portait sur un droit litigieux, la transaction était valable ; d'autres ont préféré soutenir qu'il fallait que le droit fût tout à la fois sérieux et douteux, et qu'il pût amener devant la justice ceux qui se le disputaient.

C'est à cette dernière opinion que mon système semblera le plus se rallier. Je pense que toute menace de procès, quelque absurde et ridicule qu'elle puisse être, ne doit pas légitimer une transaction ; je pense également que, d'un autre côté, le juge ne devra décider qu'avec beaucoup de réserve que l'acte qui lui est soumis ne peut pas être considéré comme une transaction véritable et sérieuse. Enfin, je m'appliquerai surtout à savoir si les parties ont, de bonne foi, songé, l'une à susciter l'autre à éviter les longueurs dispendieuses d'un procès en justice.

Cela posé, je reviens à la définition de la transaction.

70. J'adresse un grave reproche à celle que je lis dans l'article 2044 du Code Napoléon. La transaction a un caractère principal, essentiel, qui n'y est pas indiqué : c'est la réciprocité de concessions.

Je dis que cette lacune est grave et impardonnable : elle est grave, parce que la définition du Code peut s'appliquer tout aussi bien à une remise de dette qu'à une transaction ; c'est, en effet, le caractère distinctif qui sépare ces deux actes juridiques.

J'ajoute qu'elle est impardonnable ; car nous avons

trouvé et signalé dans le droit romain une maxime célèbre, qui consacrait cette condition essentielle de la transaction : *Transactio, nullo dato, vel retento, vel promisso, minime procedit*. Et il suffit de feuilleter nos anciens auteurs, pour s'assurer qu'ils ont, eux aussi, insisté tout particulièrement sur la nécessité de concessions réciproques.

71. Pour moi, adoptant, à quelques nuances près, pour notre droit actuel, la définition que j'ai donnée (n° 14) de la transaction sous le régime des lois romaines, je dirai : la transaction est un contrat par lequel les parties se font librement des concessions réciproques, pour mettre fin à des difficultés portant sur des droits litigieux.

72. S'il faut maintenant classer ce contrat, je lui reconnaîtrai les caractères suivants :

73. Il est 1° *du droit des gens ;* c'est-à-dire que de tout temps on a reconnu et admis la nécessité de son existence, et que toutes les législations connues se sont préoccupées de le réglementer.

74. 2° *Synallagmatique :* cela résulte précisément du caractère de réciprocité des concessions, qui sont indispensables à sa formation, et que nous avons reproché aux législateurs de l'an XII de n'avoir pas même mentionné.

75. 3° *Non solennel*, puisqu'il n'est assujéti à aucune formalité particulière pour sa formation. Si l'on m'objecte que l'article 2044 exige qu'il soit rédigé par écrit, je répondrai que l'écriture n'est exigée pour la transaction que dans l'intérêt de sa preuve, et pour des motifs spéciaux que j'exposerai plus tard (voir aux n°s 101, 102).

76. 4° *Consensuel*, car il s'opère par le seul consentement

des parties; c'est ce que j'ai particulièrement voulu désigner par l'expression *librement* de ma définition.

77. 5° *Commutatif* : c'est la conséquence de cette présomption de la loi, que la renonciation à ses prétentions de l'une des parties compense les sacrifices que s'impose son adversaire.

78. 6° *Aléatoire*, en ce que l'étendue de concessions à faire, de part et d'autre, est réglée par les chances plus ou moins grandes que chacune des parties aurait eues de réussir devant la justice.

79. 7° *A titre onéreux*. On ne saurait, en effet, assimiler la transaction à la donation. Dans celle-ci, l'idée de libéralité domine tout le contrat: dans la transaction, les parties pourvoient à leur intérêt propre. Une autre raison, c'est que chacune d'elles s'oblige à faire, ou à donner, ou à ne pas faire quelque chose.

80. 8° Enfin, la transaction est un contrat que nous considérons comme *déclaratif*, et non translatif de propriété. Ce point est certainement délicat et notre solution a besoin d'être soutenue d'une preuve.

Entre deux personnes qui transigent, quel est le rôle de chacune d'elles?

Je suppose un procès engagé ; le demandeur réclame 10,000 fr., le défendeur soutient le mal fondé de la demande. Le premier craint fort que les Tribunaux ne lui adjugent pas une somme aussi considérable, et le second pressent qu'il sera condamné. Que font-ils ? Ils conviennent de fixer amiablement la somme que l'un donnera à l'autre à 5,000 fr.

Sans doute, le demandeur semble autorisé à venir dire : cette somme de 5,000 que j'ai reçue ne m'appartenait pas ; je n'avais sur elle aucun droit de propriété ; je ne possédais qu'une simple créance, mal délimitée, et mon adversaire, qui avait tout à l'heure encore la propriété de cet argent, vient de me la *transférer* ; donc le contrat, qui est intervenu entre nous, est bien translatif de propriété.

Je ne me dissimule pas la gravité de l'objection ; j'accorde même qu'aux yeux du demandeur la transaction semble bien affecter ce caractère translatif, que je lui contestais au début ; je vais jusqu'à concéder qu'en fait il y aura des circonstances dans lesquelles, si on veut aller au fond des choses, on découvrira une véritable translation de propriété opérée d'une tête sur l'autre par la transaction.

Mais ce que je soutiens énergiquement, c'est que, en principe, en droit pur, indépendamment des faits qui peuvent modifier quelquefois l'application des règles juridiques, la transaction est purement déclarative de propriété.

Le défendeur pourrait opposer au raisonnement que je viens d'indiquer une argumentation diamétralement opposée, et également vraie. S'il n'a pas cédé à son adversaire, s'il a résisté à ses prétentions, c'est parce qu'il était convaincu que le droit était pour lui ; il a transigé pour obtenir la tranquillité, et ses sacrifices ont été le prix du rétablissement de la paix. Ainsi, chacun des adversaires prétend, non point avoir cédé à un droit juste, mais avoir sacrifié à l'amour de la concorde et à la haine des procès.

La loi intervient pour régler leur transaction. Que fait-elle? Elle prend le parti le plus sage ; elle présume qu'en définitive les parties, qui n'étaient pas parfaitement certaines de la justesse de leurs réclamations, n'ont fait que céder aux inspirations de la conciliation et de l'équité, et ont reconnu qu'au fond leurs droits respectifs étaient conformes aux termes mêmes de la transaction.

C'est donc, en réalité, une DÉCLARATION de leurs droits

qu'elles ont fait, et c'est à ce titre que je pense qu'en bonne doctrine il faut attribuer à la transaction un caractère déclaratif de propriété.

81. Je crois avoir suffisamment analysé les signes caractéristiques, spéciaux à la transaction, considérée comme un des contrats du droit civil. Avec ces importantes prémisses, il sera plus facile d'approfondir nos recherches sur cette délicate et intéressante matière.

Je diviserai cette étude en six chapitres.

Dans le premier, je rassemblerai, en les spécifiant, les éléments constitutifs de la transaction ;

Le second chapitre sera consacré aux formes et à la preuve de ce contrat ;

En troisième lieu, je me demanderai quelles choses peuvent être l'objet d'une transaction ;

J'aborderai quatrièmement la recherche difficile des conditions de capacité nécessaires pour pouvoir transiger ;

C'est alors seulement que nous pourrons, dans le cinquième chapitre, étudier les effets de la transaction ;

Enfin, le dernier chapitre contiendra l'examen des cas dans lesquels on peut la faire annuler ou rescinder.

Nous embrasserons ainsi tout ce qui se rattache directement à notre sujet.

CHAPITRE I.

DES ÉLÉMENTS CONSTITUTIFS DE LA TRANSACTION.

82. Les conditions indispensables à la validité, ou pour mieux dire, à l'existence de toute convention, les choses qui sont de l'essence du contrat, nous dit Pothier, sont

celles sans lesquelles ce contrat ne peut subsister; faute de l'une de ces choses, ou il n'y a point du tout de contrat, ou c'est une autre espèce de contrat (Pothier, *des Obligations*).

Ces éléments, qui constituent la transaction, sont d'une double sorte : il y a ceux qui sont généraux à tous les contrats ; il y a ceux qui sont particuliers à la transaction.

Je ne ferai qu'énoncer les premiers ; ils sont du domaine du droit commun ; je m'expliquerai très-brièvement sur les seconds, ayant eu déjà l'occasion de les approfondir en droit romain ; il y a peu de différence à relever entre les deux législations à ce point de vue ; les lois changent, les applications varient, les principes demeurent.

83. La validité de tout contrat dépend de la réunion des quatre conditions suivantes :

1º Consentement des contractants ;

2º Capacité de contracter ;

3º Existence d'un objet certain ;

4º Existence d'une cause licite.

Sauf la seconde condition, à l'explication de laquelle j'ai réservé le quatrième chapitre, je renvoie aux règles générales du droit.

84. Quant aux règles qui sont particulières à la transaction et nécessaires à sa validité, j'en énoncerai trois :

1º Il faut qu'il y ait entre les parties une chose donnée, retenue ou promise ; je me suis déjà prononcé sur ce point, qui est constant, et qu'aucun jurisconsulte ne conteste aujourd'hui ;

2º La transaction, étant l'œuvre des parties, est un contrat qui procède nécessairement du consentement ; nous verrons plus tard que le consentement exigé pour la réalisation des obligations en général ne suffit pas pour transiger.

Ces deux premières conditions réunies établissent une différence profonde avec la chose jugée, qui termine les procès d'autorité, contre le gré au moins de l'un des adversaires, et le serment, qui met fin à une contestation *par la seule puissance de l'affirmation*, selon l'expression de M. Troplong, et sans rien donner ni promettre.

3° Enfin, les difficultés sur des droits litigieux peuvent seules être résolues par une transaction. C'est là une différence caractéristique entre notre contrat de droit français et le pacte romain qui porte le même nom. Rappelonsnous, en effet, que nous avons établi (n° 12) que la transaction pouvait, à Rome, intervenir non-seulement sur des droits litigieux, mais aussi sur tout droit incertain et d'une nature aléatoire, qu'il dépend d'une condition ou d'un terme ou de toute autre circonstance pouvant faire naître des doutes, sinon sur sa légitimité, au moins sur son étendue et l'époque de son exercice.

Un pareil acte serait également valable sous l'empire de notre législation. Quel nom devrait-on lui donner? C'est ce qu'il m'est impossible de décider ici ; cela dépendrait de la forme et de la nature des dispositions qu'il contiendrait ; mais ce que j'affirme, c'est qu'il ne serait pas une transaction, dès lors qu'il ne porterait point sur des droits litigieux. Cela résulte clairement des termes de l'art. 2044, et aussi de la discussion de ce texte au Conseil d'État et au Corps législatif.

85. Au point où nous en sommes arrivés, il sera facile de signaler les nuances profondes qui différencient en droit la transaction de certains contrats ou de certains actes juridiques. Nos anciens jurisconsultes étaient parfois tentés de confondre les uns avec les autres, aussi s'étudiaient-ils à rechercher minutieusement les rapports et les dissem-

blances que nous allons rapidement signaler, et qui, il faut bien le reconnaître, présentent un intérêt presque exclusivement doctrinal.

86. La donation et la transaction peuvent bien contenir des dons réciproques; l'une et l'autre sont l'œuvre des parties; mais l'une, nous l'avons déjà dit, a pour mobile la bienfaisance, tandis que l'autre n'intervient que par spéculation de part et d'autre, et pour régler des intérêts inquiétants.

87. La renonciation, pure et simple, que ferait une personne à des droits qu'elle prétendait posséder, ne constituerait pas davantage une transaction. Il en serait de même d'une remise de dette; je vois bien là une concession faite par l'une des parties à l'autre; mais je n'y trouve point de sacrifices de la part de l'acceptant, pour lequel tout est avantage : point de concessions réciproques, et, par conséquent, point de transaction.

88. Mais où la pratique a été plus souvent intéressée à la solution de ces questions, c'est lorsqu'il s'est agi de découvrir et de déconcerter une fraude, dont les résultats pouvaient être graves.

Il est arrivé assez souvent que les parties dissimulaient des ventes et des transports-cessions, sous les apparences d'une transaction. Le mobile qui les animait est facile à saisir ; le n° 8 de l'article 44 de la loi du 28 avril 1816, sur l'enregistrement, impose un droit fixe de 3 fr. à toute transaction, en quelque matière que ce soit. C'est le résultat de la doctrine que nous avons soutenue au n° 80, à savoir que la transaction est déclarative et non translative de propriété. La loi du 22 frimaire an VII, frappant, au contraire, les actes translatifs de propriété, tels que les ventes et les cessions de créances, d'un droit proportionnel, dont le taux est relativement élevé (art. 4, 14 de la loi du 22 frimaire an VII, et 52 de la loi du 28 avril 1816), il était beaucoup plus avantageux de présenter l'acte au fisc, comme étant une transaction. Celui-ci ne s'y trompa point, et déjoua cette fraude, en la faisant condamner par les tribunaux. Le point à décider est de savoir si le droit transmis était certain, ou si, au contraire, le contrat intervenu a été précédé de contestations, sinon existantes, au moins pouvant s'élever.

89. On s'est encore demandé quel était le signe distinctif qui séparait la transaction de la ratification. Comme le fait judicieusement observer M. Troplong, dans son n° 23 sur l'article 2044, « la ratification suppose comme admise « et incontestable la nullité qu'elle a pour but de couvrir. « Au contraire, la transaction suppose qu'elle est douteuse. « La ratification peut être gratuite, la transaction ne saurait l'être. On ne demandera donc pas à la transaction « les formes exigées par les articles 1338 et 1339 du Code « civil. »

90. Le compromis ne doit pas davantage être confondu avec la transaction, qui émane du libre consentement et de la volonté réfléchie des parties. Il est bien vrai que, lorsque celles-ci font un compromis, le choix e s arbitres dépendra exclusivement des deux adversaires : mais là s'arrête la ressemblance, et quant à la sentence que rendent ces juges improvisés et choisis pour la circonstance, elle pourra bien ne pas satisfaire tous les intéressés, qui seront pourtant contraints de l'accepter et de s'y conformer scrupuleusement. Donc, là encore, point de transaction,

puisque la volonté libre ne se rencontre point de part et
d'autre, dans l'exécution du compromis.

91. Enfin, on a souvent comparé la transaction à la chose
jugée. Je ne veux pas entreprendre ici l'étude de cette question de doctrine, dont l'origine remonte aux jurisconsultes
romains, et que les disputes de l'ancien droit français ont
rendue classique. Je la réserve tout entière, pour la traiter,
quand je rechercherai les effets de la transaction. Aussi
bien le Code civil lui-même a-t-il ranimé, par son article
2052, tout l'intérêt de cette controverse, en déclarant que
les transactions ont, entre les parties, l'autorité de la chose
jugée en dernier ressort. Je me borne, quant à présent, à
dire que j'établirai des différentes capitales entre ces deux
actes juridiques (n⁰ˢ 197 à 203).

92. Il me reste, pour terminer, à expliquer certaines
conditions qui résultent, non plus de l'essence, mais de la
nature des transactions, et aussi à dire un mot des clauses,
simplement utiles, qui peuvent y être insérées.

De même que j'ai donné la définition de Pothier, sur les
choses qui sont l'essence d'un contrat, de même c'est à lui
que je demanderai quelles choses sont de la nature de ce
contrat. Il serait impossible de trouver un guide meilleur,
et surtout plus sûr.

« Les choses qui sont seulement de la nature du contrat,
« dit le grand jurisconsulte, sont celles qui, sans être de
« l'essence du contrat, font partie du contrat, quoique les
« parties contractantes ne s'en soient pas expliquées, étant
« de la nature du contrat, que ces choses y soient renfer-
« mées ou sous-entendues. »

Ainsi, sauf convention expresse et formellement exprimée, la loi établit comme présomption que les parties ont

voulu sous-entendre l'insertion de ces choses dans le contrat.

93. Quelles sont donc les clauses qui appartiennent à la
nature même de la transaction?

J'en citerai trois : l'indivisibilité, l'irrévocabilité et la
garantie.

94. Je dis d'abord que les transactions sont, de leur nature, indivisibles. Elles peuvent bien, à la vérité, former
un tout complexe, composé de dispositions multiples, et
qu'on pourrait, à la rigueur, séparer les unes des autres.
Mais qui pourrait se flatter d'en retrancher une seule, sans
altérer, jusque dans ses racines peut-être, le caractère vrai
du contrat?

Les parties se sont fait, de part et d'autre, un grand nombre de concessions réciproques : savez-vous, si telle concession, en particulier, que vous voulez retrancher, n'a pas
motivé tel sacrifice de la part de l'adversaire? Il existe donc
entre toutes les dispositions de ce contrat un enchaînement,
qui doit être respecté ; enlever un anneau de cette chaîne,
c'est rompre l'équilibre ; car ces stipulations sont toutes
unies par une corrélation nécessaire, qui rend le contrat
parfaitement indivisible.

Seulement, les contractants auraient pu, en transigeant,
prévoir le cas où l'exécution d'une partie déterminée de la
transaction n'aurait plus de raison d'être ; et c'est pour
cela que je dis que l'indivisibilité n'est que de la nature de
la convention.

95. Il en est de même de l'irrévocabilité, qui est une des
conditions de tout contrat, mais qui est particulièrement
nécessaire à celui qui nous occupe, dans l'intérêt bien

compris du repos des familles, de la stabilité de la propriété et du respect dû à la foi jurée.

Néanmoins, il est loisible aux contractants de faire dépendre l'exécution de la transaction d'une clause résolutoire et de détruire ainsi le principe de l'irrévocabilité des conventions.

96. La question est plus délicate en ce qui touche la garantie.

Mais elle appartient plutôt au chapitre sur les effets de la transaction. Je réserve donc à cette partie de mon travail la discussion de la théorie que je me propose d'adopter.

Je ne veux que l'énoncer. A mes yeux, il n'y a lieu à garantie que lorsque l'objet, sur lequel on demande à la faire porter, ne faisait pas lui-même la matière de la contestation, que la transaction a terminée (Voir nᵒˢ 216, 217 et 218).

Il est bien entendu que les parties peuvent, à leur gré, stipuler cette garantie ou y renoncer, d'où il résulte précisément qu'elle est, en tant que nous la reconnaissons exister de plein droit, de la nature des transactions.

97. En dehors des choses qui sont de l'essence ou de la nature des transactions, les parties peuvent, comme en droit romain, introduire dans leur contrat telle condition que bon leur semble. Elles ne sont limitées, à cet égard, que par l'obéissance due aux lois, et le respect imposé pour les mœurs publiques. Cette matière est régie par le droit commun, au titre des Obligations, du Code Napoléon.

Je ne veux donner quelques explications que sur une condition fréquemment usitée, et spécialement prévue par l'article 2047, au titre des Transactions, je parle de la clause pénale.

98. On a contesté la légitimité de la clause pénale en matière de transaction.

C'est, a-t-on dit, une condition féconde en procès. Vous imposez une peine, comme sanction de l'exécution du contrat : quand cette peine devra-t-elle être appliquée ? quand aura-t-elle été encourue ? Question de fait, qui pourra toujours être, et sera presque certainement, débattue avec vivacité de part et d'autre. La justice sera appelée à intervenir, et cet acte, destiné à éteindre les contestations, sera un germe de discorde et une source féconde de procès.

Je répondrai, avec M. Troplong : « De quoi n'abuse-t-on pas avec du mauvais vouloir ? » La clause pénale serait un brasier incendiaire, qui aboutirait à ranimer le feu mal éteint des prétentions et des irritations premières, peut-être même des passions mauvaises ! Si telle est l'intention de celui qui transige, à défaut de cette clause, il trouvera, certes, bien d'autres prétextes ; qu'elle soit stipulée ou non, il n'en sera ni plus ni moins. Mais elle sera, du moins, un obstacle pour ceux dont la conscience est trop faible pour accomplir loyalement une obligation librement contractée, et ceux-là sont malheureusement trop nombreux. Dans le principe de son institution, la clause pénale est la garantie la plus efficace de l'exécution de la transaction, et, à ce titre, nous la défendrons énergiquement.

99. Quels sont les effets de la clause pénale, lorsque les parties l'ont stipulée ? Cette question se présentera tout naturellement dans l'examen des effets de la transaction.

Nous y renvoyons donc (nos 219 et suiv.).

4.

CHARITRE II.

DES FORMES ET DE LA PREUVE DES TRANSACTIONS.

100. Conçu dans un esprit de sage liberté et de profonde justice, éminemment désireux d'établir l'égalité la plus parfaite entre tous les citoyens, et de faciliter leurs relations les uns à l'égard des autres, notre Code civil a renié hautement ces formes antiques des Romains, qui, sous le prétexte de garantir puissamment l'exactitude des engagements pris, créaient des obstacles sans nombre et souvent fort gênants à la formation des conventions.

Tous nos contrats sont aujourd'hui consensuels, sauf de bien rares exceptions; tous sont l'œuvre de la volonté libre des parties, et la loi reconnaît leur existence et protège leur exécution, dès lors qu'ils ne sont contraires ni à ses prohibitions expresses, ni aux mœurs publiques.

101. La transaction ne fait point exception à ce principe : j'ai déjà eu l'occasion de reconnaître (nos 75 et 76) que ce contrat était purement consensuel et qu'il ne devait pas figurer parmi ceux que la loi a revêtus de formes solennelles.

En effet, dans toute convention, il faut distinguer avec soin le fait même de la convention, de l'acte, de cette chose matérielle qu'à Rome on appelait l'*instrumentum*, qui sert à établir son existence. Voilà une transaction qui s'est passée entre deux plaideurs; aucun écrit n'a été passé; est-ce à dire que, parce que l'article 2044 exige que toute transaction soit rédigée par écrit, ce contrat, ce *vinculum juris* qui, par la volonté des parties, les a enchaînées dans un mutuel engagement, sera absolument non existant? Il faudrait donc aller jusqu'à, dire que son exécution volontaire serait nulle aux yeux de la loi, comme reposant sur une cause inexistante, et comme manquant d'objet!

Non certainement. La transaction est valable en elle-même. Seulement que l'on suppose à l'un des contractants assez de mauvaise foi pour refuser de l'exécuter, son adversaire sera obligé de prouver l'existence de cette transaction devant la justice, et c'est cette preuve que la loi a voulu spécialement subordonner à certaines conditions que nous avons actuellement à examiner et à apprécier.

102. L'art. 2044 porte : la transaction est un contrat... ce contrat doit être rédigé par écrit.

Quel est le but, quel est le motif de cette exigence de la loi? Pourquoi subordonner la preuve de la transaction à l'existence d'un acte écrit?

La réponse à cette question nous donnera la mesure de l'étendue qu'il faudra lui donner. Or ce point est élucidé dans le rapport du tribun Albisson, sur le projet de loi qui nous occupe : « La seule condition que le projet ajoute, et « qui devait l'être par rapport à la nature particulière de « la transaction, c'est qu'elle soit rédigée par écrit ; ce qui « est infiniment sage ; car la transaction devant terminer « un procès, c'eût été risquer d'en faire naître un nouveau, « que d'en laisser dépendre l'effet de la solution d'un pro- « blème sur l'admissibilité ou les résultats d'une preuve « testimoniale. »

Le législateur a donc voulu que la transaction se prouvât en justice d'une manière sûre, facile et péremptoire ; il a voulu prohiber les modes de preuve qui reposent sur des probabilités, ou qui ne sont pas une garantie parfaitement efficace de l'exactitude et de l'existence du contrat.

Et en cela, il a sagement agi ; puisque la transaction est surtout l'œuvre de la bonne foi et de deux volontés libres et conciliatrices, il ne fallait pas l'exposer à être le jouet de la chicane et de la mauvaise foi.

103. Quelles sont les modes de preuves que nous admettrons pour la transaction ?

Le droit commun en reconnaît cinq pour établir l'existence de tous les contrats, ce sont :

1° L'écriture,

2° Le témoignage,

3° Les présomptions,

4° L'aveu,

5° Le serment.

Il est nécessaire d'examiner si chacune de ces preuves peut être administrée en matière de transaction.

I. — L'ÉCRITURE.

104. Il est évident que de tous les modes de preuve admis par la loi, l'écriture est le plus parfait et témoigne le plus fidèlement de la volonté des contractants. Cette idée, éminemment vraie, a inspiré le deuxième alinéa de l'art. 2044 : la transaction doit être rédigée par écrit. Ainsi une transaction qui a été confiée, non pas à la mémoire plus ou moins exacte et précise de personnes tierces, mais à ce témoin muet qu'on appelle l'écriture, est parfaitement inattaquable ; sa preuve est faite, et nulle part on n'en saurait trouver de plus péremptoire : car *verba volant, scripta manent*.

105. Les articles 1317 et 1322 du Code Napoléon nous apprennent que l'acte peut être rédigé soit en l'entourant des garanties précieuses de l'authenticité, soit simplement

sous signature privée. La transaction peut-elle être faite indifféremment sous ces deux formes ?

106. Oui, incontestablement. La loi se contente d'exiger que la transaction soit rédigée par écrit ; elle n'impose point, comme pour la donation, par exemple, qu'elle soit soumise à la forme notariée. Et c'est pour ce motif qu'en analysant les caractères de ce contrat, j'ai reconnu qu'il n'était pas assujéti à des formes solennelles. Il suffit donc qu'il soit rédigé par acte sous seing privé, pourvu, bien entendu, qu'il réunisse toutes les conditions exigées pour la validité de ces sortes d'actes. Ainsi, il doit être revêtu de la signature de toutes les parties en cause (Cassat., 8 novembre 1842 ; Sirey, 43, 1, 33) ; ainsi encore, il doit être rédigé en autant d'originaux qu'il y a de parties ayant un intérêt distinct, et chaque original doit renfermer la mention de cette formalité (art. 1325 Cod. Nap.).

107. Si la transaction peut être faite sous signature privée, à bien plus forte raison les parties peuvent-elles la rédiger par acte authentique.

L'authenticité peut résulter, pour une transaction, de trois opérations complétement différentes :

108. 1° L'acte notarié est le plus simple et le plus naturel, et les parties ont souvent recours à ce moyen bien connu. Il est inutile d'ajouter que l'acte devra remplir toutes les conditions de validité imposées par les articles 1317 et s. du Code civil ; je renvoie sur cette matière aux règles générales du droit, interprétées par de nombreux auteurs, et par une jurisprudence, qui repose sur un très-grand nombre d'arrêts.

109. 2° Une des plus belles institutions, dont notre civi-

lisation moderne, puisse, à juste titre, se glorifier, est celle de la conciliation en justice de paix. Sauf de très-rares exceptions, les plaideurs sont obligés de se présenter devant le juge de paix, avant de venir livrer leurs contestations aux tribunaux. Le magistrat doit puiser, dans sa haute raison, et dans les inspirations de sa conscience, le désir ardent de la pacification, et faire puissamment valoir, auprès de chacun des adversaires, les avantages inappréciables d'une prompte et complète réconciliation. C'est un dernier effort tenté en faveur de la paix et de la concorde; et le succès couronne fréquemment les sages efforts du magistrat conciliateur.

Une véritable transaction intervient alors; le juge de paix en constate, dans son procès-verbal, les termes et l'exacte portée ; cet acte, émané d'un officier public compétent, suffit pour faire preuve de la transaction, et il fera foi jusqu'à inscription de faux.

110. 3° Il arrive malheureusement trop souvent encore, que les adversaires rejettent toutes les tentatives de conciliation, et persistent dans leurs prétentions réciproques. Ce n'est que devant la justice qu'ils comprennent enfin les nombreux avantages d'un compromis, avant de laisser prononcer contre eux une sentence définitive. Ils peuvent alors mettre leur transaction sous la protection de la justice même, en soumettant leur projet à l'homologation des juges.

Ce moyen est grand et efficace. Grand! quoi de plus digne, en effet, et de plus juste que d'offrir une œuvre, inspirée par l'équité et par l'amour de la paix et de la vérité, à la sanction du magistrat appelé à prononcer, au nom de la loi, sur les droits et les obligations de chacun? Efficace, car cette homologation donne à la transaction une authenticité incontestable.

111. Mais la pratique est allée plus loin, elle a introduit au Palais un usage très-usité, et pour lequel je suis loin, je l'avoue, de professer de l'admiration, même la moindre sympathie. Je veux parler de ce qu'on appelle le *jugement d'expédient*.

Les parties ne se contentent plus de solliciter de la justice l'approbation de l'acte transactionnel, qu'elles ont mutuellement consenti. Elles présentent aux magistrats un projet de jugement, qu'elles ont elles-mêmes rédigé, qu'elles semblent, pour ainsi dire, vouloir imposer à leurs consciences, et qu'elles feront passer pour leur œuvre personnelle, tandis qu'au fond ils n'ont fait qu'y ajouter la formule exécutoire.

Oh! sans doute, une telle sentence a bien quelques différences avec un jugement proprement dit. Ainsi, la nullité qui en serait prononcée pour vice de forme n'empêcherait pas cet acte, revêtu de la signature des parties, de valoir comme convention privée; sans doute, si on a eu recours au jugement d'expédient pour valider une transaction entre parties non maîtresses de leurs droits, ce contrat pourra être attaqué par voie principale et sans qu'il soit nécessaire de faire annuler le jugement; sans doute enfin, les magistrats seront toujours libres de refuser de jouer un pareil rôle, s'ils y voient leur conscience engagée ou leur dignité compromise.

Mais n'ai-je pas bien le droit de dire, avec l'éminent magistrat qui siège à la tête de la plus haute Cour de l'empire, que c'est là une situation qui rabaisse l'autorité de la justice? N'est-ce pas compromettre le pouvoir judiciaire et la puissance de ses décisions? (Troplong, n° 37, *des Transact.*)

Le juge doit toujours maintenir et faire respecter le prestige, qui résulte nécessairement de la dignité de ses fonctions ; qu'il donne acte aux parties du bon accord qui s'est rétabli entre elles ! Mais il ne devrait jamais se prêter à cette comédie judiciaire de plaideurs, lui dictant son jugement et paraissant ainsi lui avoir fait abdiquer la sainteté de ses délibérations et la libre indépendance qui doit toujours inspirer ses décisions !

C'est à ce point de vue que je m'associe énergiquement aux quelques voix qui se sont élevées, pour protester contre ces abus de la pratique, qui sont, il faut bien l'avouer, journellement employés devant les tribunaux et consacrés par eux.

II. — LE TÉMOIGNAGE

112. Selon les principes du droit commun, les magistrats, lorsqu'ils ne se sentent pas suffisamment éclairés, peuvent toujours recourir à la preuve des faits allégués, en procédant à l'audition des témoins invoqués par les plaideurs.

Cependant la loi a toujours éprouvé, en matière civile, une sorte de défiance contre ce mode de preuve. Et ses craintes se justifient par cette raison, que ce que l'on confie à la mémoire des hommes peut subir des altérations, même chez les plus consciencieux. Il n'est pas de souvenirs, quelque profondément qu'ils aient été gravés, que le temps ne parvienne à faire varier, parfois même à éteindre, et le législateur ne devait pas se rendre complice de l'imprudence de ceux qui confiaient la preuve d'actes importants à la mémoire de témoins, sujets à disparaître ou à oublier. Aussi les tribunaux ne peuvent-ils ordonner la preuve testimoniale, dans un procès dont l'intérêt est supérieur à 150 francs, que lorsqu'ils ont déjà entre les mains un commencement de preuve par écrit.

113. Cette latitude n'est même plus admise en matière

de transactions ; jamais la preuve testimoniale ne peut être admise ; en aucun cas, elle ne peut être invoquée. Cela résulte clairement du texte de l'article 2044, ainsi que des termes précis de l'exposé des motifs, que j'ai cité plus haut, sous le n° 102.

Aucune controverse n'est possible à cet égard.

III. — LES PRÉSOMPTIONS.

114. Ce que je viens de dire de la preuve testimoniale doit s'entendre, à bien plus forte raison, des présomptions. Il est clair qu'un acte, tel qu'une transaction, ne peut s'induire de telle ou telle circonstance, de tel ou tel rapprochement, que le juge ferait dans son esprit. Autrement, ce contrat serait l'objet de nombreux procès, plus longs et plus dispendieux que celui qu'il a eu pour objet et pour résultat d'empêcher ou d'éteindre.

IV. — L'AVEU.

115. L'aveu est la déclaration par laquelle une personne reconnaît pour vrai, et comme devant être tenu pour avéré à son égard, un fait de nature à produire contre elle des conséquences juridiques. Peut-il être invoqué comme preuve en matière de transaction?

Cette question est, aujourd'hui encore, vivement agitée; la doctrine semble l'avoir tranchée, à part quelques rares divergences, dans le sens de l'affirmative ; mais la jurisprudence n'a pas dit son dernier mot, et, comme nous le verrons bientôt, elle cherche à lutter contre cette solution.

L'article 2044 est formel, a-t-elle dit; la preuve écrite seule est admissible ; toute autre, quelque probante qu'elle soit, est prohibée ; *dura lex, sed lex.*

J'examinerai tout à l'heure, à propos d'un récent arrêt, (voir n° 123), la portée de cet argument. Mais je veux faire au moins ressortir ici les résultats d'un pareil système, si on les analyse attentivement.

116. Paul et Jacques ont transigé ensemble sur des droits litigieux, mais ils n'ont pas confié à l'écriture les termes de ce contrat. Rappelons-nous (n° 101) que la transaction est parfaitement valable, indépendamment de l'écrit qui la constate. Plus tard, des difficultés surgissent sur son exécution : avant tout, il faudra établir son existence devant la justice. Comment faire ? Paul dira au magistrat : interrogez mon adversaire ; s'il nie, tout est perdu pour moi ; mais s'il reconnaît lui-même la transaction, s'il déclare que les termes en sont exactement tels que je les énonce, il n'y aura pas de doute possible.

Ce raisonnement est très-juste. L'aveu n'est-il pas en effet une preuve plus forte, s'il est possible, que l'écriture elle-même ? Les parties ont pu confier la rédaction de l'acte à un notaire ; elles peuvent être illettrées ; les termes n'ont peut-être pas été saisis par elles dans toute leur portée. Quoi de plus certain, au contraire, et de plus précis qu'un aveu ?

Et pourtant, on voudrait le prohiber ! Et le juge se trouverait dans cette singulière position, d'être obligé de nier l'existence d'un contrat que tout le monde est d'accord pour reconnaître et déclarer avoir été passé librement, loyalement et dans des termes précis !

La raison et la bonne foi sont choquées d'un pareil résultat, et je me refuse à l'admettre.

Aussi je pense que l'aveu, soit volontaire, soit forcé, peut toujours faire preuve de la transaction, pourvu, bien entendu, qu'il réunisse les conditions de validité, exigées par les art. 1354 et s. du Code civil. J'admets donc que le magistrat, qui a déjà entre les mains un commencement de preuve par écrit, ordonne et fasse passer un interrogatoire sur faits et articles.

Ce genre de preuve ne présente aucun des inconvénients que l'article 2044 a voulu éviter.

V. — LE SERMENT.

117. Je n'ai que peu de chose à dire sur ce genre de preuve. Ma théorie est la même que pour l'aveu. Le juge ne peut se refuser à admettre une demande de prestation de serment. Il faudrait pour cela un texte de la loi très-formel, et je ne le trouve nulle part.

Je sais bien qu'un jurisconsulte très-considérable rejette le serment comme preuve de la transaction. Il argumente de ce motif que « la loi a voulu prévenir tout débat sur « l'existence d'un acte destiné à mettre les parties d'accord. « Le serment est donc un moyen de preuve qui répugne à « la nature de ce contrat ; il suppose un procès sur la « preuve, et la loi ne veut pas qu'il puisse y en avoir. (Troplong, nº 29.) »

Cet argument me touche peu. Le serment n'est nullement un procès sur la preuve. C'est un moyen que la loi, confiante dans la conscience religieuse et dans l'honneur d'un plaideur, permet à son adversaire d'employer, lorsque celui-ci, certain de la justesse de ses droits et de l'équité de ses prétentions, est complétement dénué de toute preuve pour les faire triompher.

118. D'ailleurs, dans le même paragraphe, M. Troplong commet une singulière contradiction : « Toute transaction, « dit-il, non rédigée par écrit, n'est pas censée sérieuse « aux yeux de la loi : il n'y a que l'aveu des parties qui

« puisse la faire échapper à cette présomption. » Comment ?
L'aveu fait preuve de la transaction, et le serment n'aurait
aucune autorité ! Vous avouez devant la justice, purement
et simplement, que la transaction existe, et la justice vous
croit ; et lorsque, sommé de déclarer, également devant la
justice, mais aussi devant Dieu et sur votre honneur si
vous avez réellement transigé, vous reconnaissez solennelle-
ment, au nom de votre conscience, cette même transaction,
le magistrat ne pourrait plus vous croire ni ajouter foi à
votre serment ? Mais, en vérité, il m'est impossible de concilier ces deux solutions de l'éminent jurisconsulte !

119. Il est bien entendu que je ne parle ici que du serment litis-décisoire. Le serment supplétoire n'ayant pour
but que de confirmer les présomptions des juges, et la
présomption étant soigneusement écartée comme mode de
preuve, ne pourra jamais être employée à l'appui de l'existence d'une transaction.

120. Des cinq modes de preuve employés en droit commun, nous n'en admettons donc que trois pour établir
l'existence de la transaction : l'*écriture*, l'*aveu*, le *serment
décisoire*. Nous pourrions étudier de nombreuses controverses relatives à ces trois genres de preuves, mais elles
appartiennent plus au droit des obligations en général qu'à
la spécialité de notre sujet, et nous devons nous restreindre
dans ses limites.

121. Avant de terminer ce chapitre, je ne veux aborder
qu'une seule question très-grave et dont un arrêt, rendu il
y a quelque mois à peine par la Cour impériale de Nancy,
vient de ranimer tout l'intérêt.

Il s'agissait d'un acte de transaction fait en l'étude d'un
notaire, mais rédigé par le clerc et non reçu par le notaire.

La Cour de Nancy a jugé que cet acte était nul, et comme acte authentique, et comme acte sous seing privé, et sur ce point nous nous rangeons complétement de son avis.

122. Mais elle est allée au-delà, et elle a décidé (1) que,

(1) L'importance doctrinale et l'autorité de cet arrêt nous font un devoir de reproduire ici le texte de la partie relative à la non-admissibilité de preuves autres que l'écriture :

« Attendu qu'après avoir annulé l'acte du 5 janvier 1866, et comme
« acte authentique et comme acte sous-seing privé, les premiers juges
« y voient un commencement de preuve par écrit, autorisant, selon
« eux, la preuve testimoniale ; — Qu'à cet égard, ils méconnaissent
« les dispositions impératives et formelles de l'article 2044 du Code
« Napoléon ; — Qu'en disant que la transaction doit être rédigée par
« écrit, cet article pose une règle qui, par sa généralité, s'applique
« à tous les cas, même à celui où l'objet de la transaction n'excède
« pas la somme ou la valeur de 150 fr. ; — Qu'il déroge ainsi de
« l'article 1341 du Code Napoléon, en même temps qu'il manifeste
« tout d'abord la ferme intention de traiter le contrat dont il s'oc-
« cupe comme un contrat *sui generis*, à part, soumis à des condi-
« tions exceptionnelles d'existence et de preuve ; — Qu'on ne s'étonne
« point, dès lors, qu'il ait fait pour lui de l'écriture une nécessité
« impérieuse et absolue ; — Que cette nécessité s'explique à merveille,
« quand on songe à la nature et à l'importance d'un contrat, que
« l'article 2045 du Code Napoléon entoure de formalités presque
« solennelles et de garanties jusque-là inconnues, que l'article 2052
« du même Code ne permet d'attaquer ni pour cause d'erreur de
« droit, ni pour cause de lésion, auquel le même article attribue
« l'autorité de la chose jugée en dernier ressort, dont enfin Tronchet,
« dans sa réponse à une interpellation du premier Consul, pouvait
« dire, sans rencontrer de contradicteur au sein du Conseil d'État,
« qu'il avait un caractère plus sacré qu'un jugement ; — Attendu que,
« la transaction étant destinée à prévenir un procès, ou à le terminer,
« il importait qu'il n'y eût, dans l'avenir, aucune espèce d'incertitude
« sur ses bases, sa portée et ses résultats ; — Qu'on ne pouvait atteindre
« ce but si désirable sans recourir à ce que les Romains appelaient
« l'*instrumentum*, et à ce que nous appelons un acte écrit ; — Que
« contraindre les parties à confier, non pas à des souvenirs plus ou

ni l'aveu ni le serment ne pouvaient servir de preuve à
l'existence d'une transaction. Je me trouve ici dans la né-

« moins consciencieux et plus ou moins sûrs, mais au papier les
« termes même de leur arrangement ou de leur accord, c'était prévenir
« entre elles les malentendus, les surprises, et les convier, avant de
« finir, à une sorte de délibération semblable à celle qui précède
« toujours la sentence du juge, et dans laquelle les points se préci-
« sent, les prétentions se révèlent, les mots se discutent et se pèsent
« de manière à bien rendre la pensée intime et définitive de tous;
« —Qu'avec le système contraire, bien loin de mettre un terme au
« procès, on courrait le risque d'en préparer un second, plus obscur,
« plus compliqué, plus difficile à juger que le premier ;—Qu'aucune
« de ces considérations n'a échappé à la prévoyante sagesse du légis-
« lateur, comme nous l'apprennent l'exposé des motifs du conseiller
« d'État Bigot de Préameneu et le rapport du tribun Albisson ;—
« Attendu qu'on ne peut prétendre que, par une sorte de redondance,
« l'article 2044 a entendu purement et simplement s'en référer à la loi
« commune en matière de preuves ;— Que cette prétention n'aurait
« quelque chose de vraisemblable que si l'article 2044, à l'exemple
« des articles 1834 et 1923 du Code Napoléon. s'était servi d'expres-
« sions identiques ou au moins équivalentes à celles de l'article 1341
« du même Code, tandis qu'il affecte de s'en écarter, en exigeant la
« preuve écrite d'une manière péremptoire, au lieu de l'exiger seule-
« ment au dessus de 150 fr.;— Qu'une différence de rédaction si
« radicale ne permet pas de voir dans l'article 2044 la répétition
« intentionnelle et abrégée de l'article 1341, et surtout de décider
« que l'exception de l'article 1347 du Code Napoléon s'applique à
« à celui-là, parce qu'elle s'applique à celui-ci ;— Que ce qui a paru
« vrai en jurisprudence et en doctrine pour l'article 1715 du Code
« Napoléon et pour l'article 39 du Code de commerce, doit le paraître
« aussi pour l'article 2044, à moins d'abandonner désormais l'inter-
« prétation des textes au hasard du caprice et du bon plaisir;—Attendu
« qu'on exigerait à tort des aveux de M*** ; que sans qu'il soit besoin
« d'examiner ce que valent ces aveux, en présence d'un article qui
« exige une preuve écrite, ceux de l'intimé ne seraient ni assez nets,
« ni assez précis, ni assez concordants pour leur attribuer le bénéfice
« de l'article 1356 du Code Napoléon;— Dans ces circonstances et
« par ces motifs, la Cour annule l'acte du 5 janvier 1866 comme acte

cessité de faire des réserves ; sans doute j'admets qu'en
aucun cas le commencement de preuve par écrit ne pourra
justifier l'introduction de la preuve testimoniale ; la loi l'a
formellement prohibée et les motifs fournis par l'arrêt de
Nancy sont certains et restent sans réponse.

123. J'entre en dissidence complète avec la doctrine de
cette Cour, lorsqu'elle repousse la preuve par l'aveu et par
le serment. Il est incontestable qu'en soi l'acte dont s'agit,
revêtu des signatures de toutes les parties, est le commencement de preuve par écrit le plus puissant que l'on puisse
désirer ; or, pourquoi refuser de le prendre comme base
d'un interrogatoire sur faits et articles ?

L'article 2044 est impératif, dit-on ! Il l'est cependant
bien moins encore que l'article 324 du Code de procédure
civile : « Les parties peuvent en toutes matières et en état
« de cause, demander de se faire interroger respectivement
« sur faits et articles pertinents, etc. » En présence d'un
texte pareil, je ne comprends plus qu'on veuille voir dans
les termes de l'article 2044 une exception à ce principe ; et
je ne l'admettrai que lorsque je la verrai positivement
exprimée.

Je le répète, la loi a voulu empêcher la preuve testimo-
moniale, mais jamais elle n'a songé à écarter un genre de
preuve qui a toujours été considéré comme la manifesta-
tion la plus éclatante de la vérité, et dont Justinien avait
justement dit : *Confessione adversarii nulla melior et efficaci-
cior haberi potest probatio* (loi 5, Cod., de *Transact.*)

« authentique et aussi comme acte sous seing privé ; dit qu'il n'y a
« pas lieu de rechercher ce qu'il vaut comme commencement de
« preuve par écrit ; dit que la transaction n'est pas juridiquement
« établie, etc., etc. » (1re chambre, présidence de M. Leclerc, premier
président ; M. Liffort de Buffévent, avocat général, conclus. contraires:
arrêt du 7 décembre 1867. Voir *le Droit* du 12 février 1868.)

CHAPITRE III.

QUELLES CHOSES PEUVENT ÊTRE L'OBJET D'UNE
TRANSACTION.

124. Tout contrat contenant, par son essence même, un
engagement juridique à donner, à faire ou à ne pas faire
quelque chose, il en résulte nécessairement qu'il doit avoir
pour base un objet quelconque, mais certain, et résultant
des conditions de validité, réglementées par le Code civil,
dans les articles 1126 et 1130.

Or, le droit commun, c'est que toute chose peut être
l'objet d'un contrat, et, par conséquent, d'une transaction,
à moins que la loi ne s'y oppose.

Pour résoudre le problème que nous nous posons ici,
nous devons donc rechercher quelles sont les prohibitions
de la loi sur cette matière, quelles choses elle a frappées
d'indisponibilité. Ce travail accompli, il restera à tirer
cette conséquence que toutes les choses, ne rentrant pas
dans l'une ou l'autre de ces exceptions, peuvent être l'objet d'une transaction.

125. On peut, à notre avis, classer en quatre catégories
les choses qui ne peuvent pas être l'objet d'une transaction :

1° Certaines choses futures ;

2° Certaines propriétés privilégiées ;

3° Certains droits purement personnels ;

4° Enfin, toute une série de choses, que la loi a cru devoir, dans un intérêt d'ordre public, priver du privilége de
disponibilité, qui forme, nous l'avons déjà dit, le droit commun.

Entrons dans l'énumération détaillée de chacune de ces exceptions.

CERTAINES CHOSES FUTURES.

126. I. L'art. 1130 du Code Napoléon nous apprend que les choses futures peuvent être l'objet d'une obligation. Néanmoins l'article ajoute : *On ne peut cependant renoncer à une succession non ouverte, ni faire aucune stipulation snr une pareille succession, même avec le consentement de celui de la succession duquel il s'agit.* Ce texte est très-explicite; il en ressort clairement qu'on ne peut transiger sur une succession future.

La loi a sagement pensé qu'une semblable convention était à la fois immorale et dangereuse, puisqu'elle entraînait, de la part de l'un au moins des contractants, un intérêt sérieux et matériel à la mort de la personne dont la succession est le but du traité.

127. II. La prescription est une institution du droit civil dont les avantages n'ont pas besoin d'être démontrés ; renoncer à l'avance à cette présomption légale d'une cause légitime et antérieure d'acquisition ou de libération, ce serait substituer sa volonté à celle de la loi ; créée dans un but d'utilité publique et en vue de l'intérêt général, la prescription ne permet point de dérogation à ses règles et ce serait troubler l'ordre public que de renoncer à ses avantages.

En outre, une pareille renonciation ne serait-elle pas bientôt devenue de style dans les actes écrits constatant les contrats? Elle n'eût pas tardé à devenir illusoire.

C'est pourquoi l'art. 2220 du Code Napoléon s'oppose à toute renonciation, d'avance, à la prescription.

5

Nous en concluons que la transaction portant sur une prescription non acquise devra être considérée comme nulle.

128. I. L'art. 9 de la loi du 8 novembre 1814 sur la dotation de la couronne, déclarant inaliénables les biens qui forment le patrimoine de l'Etat, il en résulte qu'on doit considérer ces biens comme incapables d'être l'objet d'une transaction.

129. II. Peut-on transiger sur une difficulté relative au fonds dotal ? La question est grave et la jurisprudence semble parfois dévier des vrais principes. Etablissons-les d'abord.

Notre système, sur la grande question de l'inaliénabilité de la dot, se résume ainsi : les immeubles dotaux sont frappés par la loi d'une inaliénabilité absolue ; quant aux meubles, ils peuvent être aliénés par le mari sauf recours de la femme contre celui-ci, s'il y a lieu à récompense.

Or, si nous rapprochons l'art. 1554 du Code civil, prononçant formellement cette inaliénabilité, de l'art. 2045 du même Code, qui déclare que, pour transiger, il faut avoir la capacité de disposer des objets compris dans la transaction, nous devons forcément en conclure, d'un côté, que le mari peut transiger sur des difficultés relatives aux meubles constitués en dot, d'autre part que les immeubles dotaux, qui sont inaliénables, ne peuvent jamais être l'objet d'une transaction.

Voilà le principe ; et je le crois établi sur des bases tellement solides que je le considère comme inexpugnable. J'en trouve l'application dans un arrêt de la Cour de Nîmes, du 30 novembre 1830. Je ne cite qu'un considérant :

« Attendu que ni l'incertitude ni le caractère litigieux
« des actions dotales ne sauraient autoriser les époux à en
« faire l'abandon par voie de transaction, sans quoi la con-
« servation de la dot n'aurait plus de garantie par la faci-
« lité qu'auraient les époux à supposer ou même à faire
« apparaître une cause de litige, et, en admettant qu'il
« existât réellement, il serait évacué par la décision volon-
« taire des parties, sans l'intervention de la justice et du
« ministère public, spécialement chargé de veiller aux inté-
« rêts des femmes mariées sous le régime dotal. » (Sirey,
31, 2, 182.)

Je dois ajouter que je n'admettrais pas, comme semble le
faire entrevoir la fin de ce considérant, que la justice pût,
en l'approuvant, valider une pareille transaction ; nulle de
plein droit, elle ne peut être aucunement ratifiée.

130. Je sais bien que la Cour de Paris a décidé que la
femme dotale pouvait transiger sur un supplément de droits
héréditaires, alors que ce supplément était indéterminé et
même incertain. (Sirey, 29, 2, 255.)

Je sais encore que la Cour de Limoges, par deux arrêts
(Sirey, Collect. nouv., tome 4, 2, 336. — Sirey, 36, 2, 350),
a décidé que la femme, qui s'est constitué en dot tous ses
biens présents et à venir, a pu transiger sur des droits héréditaires ; que la femme dotale pouvait valablement transiger sur des droits dotaux litigieux lorsque la transaction
était faite loyalement et dans la vue d'éteindre un procès
dont l'issue pouvait être incertaine.

Je sais enfin que M. Troplong considère que la transaction fixe simplement la consistance de la dot, sans en altérer le caractère, ni en diminuer la valeur.

J'avoue que j'ai lu son raisonnement, que j'ai compulsé
ces arrêts, et que je ne me sens nullement ébranlé dans
ma conviction.

A-t-on voulu critiquer la loi, ce qui est le droit de tout jurisconsulte, et faire ressortir les graves inconvénients du régime dotal ? Je m'unis de grand cœur à ses détracteurs, car ce régime est loin d'avoir mes sympathies.

Mais s'agit-il de rechercher la volonté de la loi et de la faire exécuter, ce qui est l'unique mission de la justice, il faut effacer les art. 1554 et 2045 du Code Napoléon, ou bien déclarer, d'une manière absolue, que l'immeuble dotal ne peut jamais être l'objet d'une transaction quelconque.

Qu'on réforme la loi ! mais, tant qu'elle existera, il nous sera impossible de la comprendre autrement.

131. III. Une question plus embarrassante, à nos yeux est celle de savoir s'il est permis de transiger sur une créance d'aliments. De tout temps, elle a eu le talent de passionner les jurisconsultes, et les querelles doctrinales, auxquelles elle a donné lieu, n'ont pas peu servi à augmenter les difficultés de la solution.

132. Justinien nous apprend, au Digeste (L. 8, *de Transaction.*), qu'à Rome, les transactions sur des créances d'aliments étaient devenues trop fréquentes, et que Marc-Aurèle avait décidé, dans un discours au Sénat, que désormais leur validité serait soumise à l'approbation du préteur.

Appelé lui-même plus tard à se prononcer sur la question, le grand empereur la résolut par une distinction : *de alimentis* PRÆTERITIS *si quœstio deferatur, transigi potest ; de* FUTURIS *autem, sine prœtore seu prœside interposita tractio nulla, auctoritate juris, censetur.* (L. 8, Code, *de Trans.*)

Ainsi, la transaction avait-elle lieu sur une créance d'aliments échue, elle était valable ; portait-elle sur une créance future, elle ne pouvait être validée que par une sorte d'homologation des magistrats judiciaires.

133. Sous l'empire de notre vieux droit français, la jurisprudence avait adopté les mêmes principes, sauf le cas où la dette alimentaire avait été transmise à un héritier par son auteur, par testament ou par une disposition à cause de mort. L'autorité du magistrat était alors nécessaire pour valider la transaction ; dans tout autre cas, elle était parfaitement valable, par elle seule et de plein droit.

134. Devons-nous décider de même sous notre droit actuel ?

Non assurément ; car, d'une part, nous ne vivons plus, comme avant 1791, sous le régime des lois romaines, qui n'ont plus, en France, qu'une autorité purement historique ; et, d'autre part, admettre la distinction ancienne, quand notre Code civil n'en contient aucune trace, serait tomber dans le plus impardonnable arbitraire. C'est pourquoi je rejette la doctrine de Marbeau, selon lequel (n° 112, 8°) on pourrait transiger sur des aliments échus, et qui prétend que, dans tous les cas, la transaction vaudrait, si celui à qui sont dus les aliments avait fait sa condition meilleure.

Je rejette également le système de MM. Aubry et Rau, qui ne valident la transaction sur dette alimentaire que lorsque, ne portant pas sur la dette elle-même, elle n'a trait qu'au mode de prestation des aliments.

M. Duranton va plus loin encore dans l'imitation du droit romain ; il soumet la transaction à l'approbation de la justice. Tout cela n'est que de l'arbitraire.

Je ne peux pourtant pas me rallier davantage à la décision de la Cour de Nîmes, du 18 décembre 1822, qui a prohibé toute transaction sur un don d'aliments, en annulant l'acte par lequel un donataire avait renoncé au don d'aliments qui lui avait été fait, moyennant une somme d'argent représentative du capital de sa pension alimentaire.

L'arrêt se réfute de lui-même : « Attendu, dit-il, que la « loi 8 au Code, *de Transactionibus*, prohibe toute transac- « tion sur les aliments sans l'autorisation du préteur.... « .... Attendu que le Code civil n'a « abrogé les lois antérieures que dans les matières qu'il a « réglées ;........ etc. » (Sirey, collect. nouv., 1, 7, 2, 137.)

Est-il besoin de protester contre l'introduction des lois romaines dans notre jurisprudence actuelle ?

Le même motif nous fait rejeter l'autorité d'un arrêt de la Cour de Toulouse, du 9 janvier 1816. (Sirey, collect. nouv., t. V, 2, 89.)

Voici, à mon sens, le système le plus conforme à la loi et à la raison.

Une créance d'aliments peut résulter d'un contrat volontaire ou d'une dette naturelle.

Si elle a pris naissance dans une convention, librement consentie entre deux citoyens, pourquoi les empêcher plus tard, soit de rompre, soit de changer la nature de ce bien, qu'ils avaient légitimement formé ? Peu importe que le contrat soit à titre gratuit ou à titre onéreux. Quelles raisons juridiques trouver pour empêcher une transaction ? Est-ce que le créancier de cette dette alimentaire ne pourrait pas la céder, y renoncer ? Donc il peut en disposer et l'art. 2045 est applicable. L'article 581 du Code de procédure civile, dont on a souvent argumenté, prouve simplement que des tiers créanciers ne pourraient pas saisir la pension alimentaire. Où a-t-on vu qu'il prohibait une transaction, qui est, comme le dit fort bien M. Troplong, l'œuvre de la volonté libre du créancier ? On a encore invoqué l'article 1004 du même Code. Mais je fais une grande différence entre la voie arbitrale et la transaction ; l'une présente de graves dangers que l'autre fait éviter et je n'admets pas la comparaison et l'argument d'analogie qu'on a voulu en tirer.

Si au contraire la créance d'aliments est le résultat d'une dette naturelle, due *jure sanguinis et naturæ*, je reconnais que l'on doit la considérer comme inaliénable, et incapable par suite à servir utilement de base à une transaction. C'est ce qui a été dernièrement jugé par la Cour impériale de Bordeaux, par un arrêt en date du 26 juillet 1855 ; j'en détache deux considérants :

« Attendu que l'obligation résultant des art. 205 et suiv. « du Code Napoléon, au profit des enfants contre leur père « et mère, et réciproquement, est uniquement subordonnée « dans son existence, au point de savoir si celui qui ré- « clame des aliments est dans le besoin, et si celui qui les « doit est en état de les fournir ; que c'est un devoir étroit « et sacré pour la tendresse paternelle, comme pour la piété « filiale, de fournir, de part et d'autre, ce qui est indispen- « sable à l'existence, soit des père et mère, soit des en- « fants.

« Attendu qu'une renonciation à l'exercice d'un tel droit « serait la violation flagrante des dispositions qui, réglant « les droits et devoirs qui naissent du mariage, doivent être « considérées comme d'ordre public. » (Sirey 1857, 2, 111.)

Pas de transaction possible, donc, sur une dette naturelle d'aliments.

Cependant tout le monde est d'accord que l'on peut transiger sur les arrérages, *déjà échus*, de cette dette. En effet, celui qui en est créancier, ayant pu vivre sans eux dans le passé, les prestations futures suffiront pour assurer son existence dans l'avenir.

CERTAINS DROITS PUREMENT PERSONNELS.

136. I. Peut-on transiger sur une nullité de mariage?

Malgré l'imposante autorité de l'éminent M. Troplong, je n'hésite pas à répondre négativement, d'une manière absolue.

Voici la théorie du savant magistrat :

Ou l'acte de mariage constate la preuve d'un de ces vices qui font rougir la morale, ou bien il n'est entaché que des vices qui ne blessent en rien l'honnêteté ; dans le premier cas, la transaction pour valider le mariage sera nulle; dans le second, elle sera valable.

J'avoue que j'ai du mal à saisir le point de départ juridique de cette distinction ingénieuse, mais singulièrement arbitraire ; et j'imagine que l'on n'embarrasserait pas médiocrement son habile inventeur, si on le priait de préciser exactement la limite extrême, où un vice, à propos de nullité de mariage, fait rougir la morale ou bien ne la fait pas rougir.

Pauvre morale ! qu'elle serait sans doute compromise, si on la mettait en demeure de se décider à rougir ou à ne pas rougir, en présence, par exemple, d'un mariage contracté par une fille mineure, sans le consentement paternel!

Et cependant, c'était à propos d'un procès où les deux prétendus époux se disputaient *eux-mêmes* la valeur de la transaction qu'ils avaient faite sur la validité de leur mariage, que M. Troplong, siégeant comme avocat-général, concluait devant la Cour royale de Bastia à l'admission d'une pareille transaction ! Et il ne sentait pas combien il était immoral, et combien l'honnêteté publique avait à rougir, de voir deux époux se faire un procès, puis s'entendre à l'amiable et sans que personne ne puisse intervenir, sur la question de savoir si définitivement, aux yeux de la loi et de la société, ils seraient légitimement unis par les liens sacrés et inviolables du mariage, ou s'ils se présenteraient comme de simples concubins!! (Troplong, *des Transactions*, n°s 71 à 88.)

137. Il m'est impossible de me prêter à une transaction quelconque en pareille matière. Le mariage est une institution divine, réglementée par les lois humaines. Tout ce qui touche à l'organisation de l'union conjugale, qui est la base fondamentale de la stabilité de la vie morale des sociétés, est d'un ordre supérieur et ne doit dépendre que de la puissance publique ; les magistrats, interprètes des lois et souverains appréciateurs de l'état des citoyens, doivent seuls prononcer sur des questions, qui intéressent si vitalement les principes de l'honnêteté publique et les fondements de l'état social.

138. II. Il me semble que ces motifs militent bien puissamment en faveur de l'annulation de toute transaction, portant sur une question d'état proprement dite.

Et pourtant des divergences se sont élevées !

Le 16 juin 1836, la Cour d'Aix a rendu un arrêt, déclarant qu'on pouvait valablement transiger sur la qualité d'enfant naturel que l'on réclame, ainsi que sur les droits et intérêts pécuniaires qui peuvent en dériver. (Sirey, 1837, 2, 25.)

Je me hâte d'ajouter que la Cour de cassation, saisie de l'affaire par un pourvoi régulier, en a décidé autrement.

« C'est à l'enfant seul, disait M. l'avocat-général Tarbé
« dans ses remarquables conclusions, qu'il appartient de
« rechercher sa mère, et de la punir, s'il le faut, par la pu-
« blicité de la demande, moins de la faute à laquelle il

« doit le jour, que de la réticence ou de la dissimulation
« auxquelles il doit d'être jeté dans le monde sans état et
« sans nom.

« Cette répression publique de la corruption des parents
« et du crime de la suppression d'état est un frein que le
« législateur a voulu maintenir, et ce serait aller contre le
« vœu de la loi, que d'autoriser des transactions à l'aide
« desquelles le silence du pauvre vient en aide à la corrup-
« tion du riche. »

-Conformément à ces principes, la Cour de cassation décide que l'enfant naturel peut, il est vrai, valablement
transiger sur les résultats pécuniaires de son droit admis et
reconnu ; mais qu'il ne lui est pas également permis de
transiger sur le droit lui-même : 1° parce que l'état (c'est-
à-dire la relation naturelle et civile de l'enfant aux auteurs
de ses jours) étant l'œuvre de la nature et de la loi, et non
le produit de la volonté des parties, cette même volonté
serait impuissante pour le détruire ; 2° parce que l'état
n'étant, ni dans le commerce, ni à la libre disposition de
celui à la personne duquel il s'identifie, ne peut faire la
matière ni d'une convention (suivant l'art. 1128, Code civil), ni d'une transaction (suivant l'art. 2045 du même
Code). (Sirey 1838, 1, 695.)

139. Ainsi nous considérerons comme nulle la transaction
portant sur l'état des personnes ; nous validerons, au contraire, celle qui se rapportera aux intérêts pécuniaires qui
en découlent, mais à condition qu'elle aurait été conclue
par un acte complétement séparé. Nous sommes heureux de
pouvoir abriter cette théorie sous l'imposante autorité de
M. Demolombe (t. V, n° 517).

140. III. Après les développements que je viens de
donner sur les deux dernières questions, est-il besoin de

démontrer, par de nouveaux arguments, que nulle transaction ne peut régler les différends qui s'élèveraient sur l'exercice soit du pouvoir paternel, soit de la puissance maritale ?

Il est clair que l'organisation de la famille ne peut dépendre de la volonté particulière et des conventions des individus, triste résultat, la plupart du temps, de caprices intéressés et de la vénalité de gens corrompus. Aujourd'hui surtout que l'esprit et le respect de la famille tendent à chanceler, maintenons plus que jamais le prestige invincible et sacré, qui est la principale sauvegarde de cette base de toutes nos institutions civiles et politiques !

141. IV. Il faut évidemment en décider de même pour toute transaction sur une séparation de corps. Aux mêmes motifs que pour les décisions précédentes, j'ajouterai le texte formel de l'art. 307 du Code Napoléon : « elle ne « pourra avoir lieu par le consentement mutuel des époux.» Du reste jamais ce point n'a soulevé aucune contestation.

EXCEPTIONS D'ORDRE PUBLIC.

142. L'art. 1128 du Code Napoléon porte : « il n'y a que « les choses qui sont dans le commerce qui puissent être « l'objet des conventions. »

En rapprochant de ce texte les art. 1172 et 6 du même Code, qui annulent toute convention dépendant d'une condition qui repose sur une chose impossible ou contraire aux bonnes mœurs et à l'ordre public, on est amené tout naturellement à prohiber les actes transactionnels, qui pourraient intervenir sur l'une ou l'autre de ces matières.

Je pourrais m'arrêter ici, et laisser aux commentateurs des principes du droit commun le soin de préciser en détail ce que la loi, sur ce terrain, prohibe, et ce qu'elle permet.

Je veux néanmoins m'expliquer sur quelques points qui, laissant certains doutes dans l'esprit, appellent une réponse spéciale.

143. I. Et d'abord, est-il bien vrai de dire que toute convention et par conséquent qu'une transaction, qui a pour objet la chose d'autrui, est nulle ?

Cela est vrai en principe ; mais il faut se garder de trop généraliser cette règle.

Je n'irais pas cependant, comme Marbeau (n⁰ˢ 121 et suiv.), jusqu'à considérer la transaction faite par un mandataire, par un mari, administrateur des biens de sa femme, comme une exception au principe que l'on ne transige point sur la chose d'autrui; je crois que le savant auteur a perdu ici de vue cette considération, que ces fondés de pouvoir ne sont que les représentants légaux de ceux pour lesquels ils agissent; sans doute, s'ils contractaient en leur propre nom, leurs actes porteraient bien sur la chose d'autrui, mais alors Marbeau validerait-il la transaction qu'ils auraient faite à ce titre ?

Il n'en est pas ainsi ; lorsque le mari, par exemple, administre les biens de sa femme, c'est au nom et comme le mandataire légal de celle-ci qu'il agit ; on peut donc, par une sorte de fiction créée par la loi, considérer la femme comme agissant elle-même par l'organe et l'intermédiaire de son mari, donc ce n'est point, à proprement parler, la chose d'autrui qui est en cause.

J'en dirai autant de tous les mandataires légaux établis par la loi.

144. Je pense que pour donner la mesure exacte de cette

maxime : *on ne peut transiger sur la chose d'autrui*, et pour la restreindre dans ses limites rigoureusement vraies, en droit, il faut décider que, pour transiger, il n'est pas nécessaire d'avoir la propriété des objets compris dans la transaction.

Ainsi l'administrateur associé d'une société civile ou commerciale peut transiger dans l'intérêt de la société ; assurément, il transigera sur des choses dont il n'a pas la propriété entière et exclusive ; mais il agit comme mandataire de ses coassociés, et c'est à ce titre que la transaction doit être validée.

Il suffit donc d'avoir un mandat exprès ou tacite, mais valable, pour pouvoir transiger sur des choses qu'à un certain point de vue on peut considérer comme appartenant à autrui. Je n'insiste pas, car ceci est plutôt du domaine de mon quatrième chapitre.

145. II. Peut-on transiger sur l'exécution d'un traité secret, ayant pour objet d'élever le prix d'un office au delà du prix indiqué dans le traité ostensible ?

La question fut posée devant la Cour de Caen, qui, le 12 août 1847, y répondit négativement, par la raison que la transaction ne pouvait se baser sur un contrat contraire à l'ordre public ; sur le pourvoi formé contre cet arrêt, la chambre des requêtes de la Cour de cassation maintint avec raison ces sages principes. (Sirey, 1848, 1, 450.)

146. La Cour suprême a même décidé que la transaction qui a pour but de diminuer le prix secret, tout en le laissant supérieur au prix ostensible, devrait être annulée :

« Considérant, a-t-elle dit, que cette transaction, loin
« d'avoir formé entre les parties une convention nouvelle,
« n'a été que l'exécution du traité secret frappé justement

« de nullité, et qu'elle participe nécessairement à la nul-
« lité de ce traité dont elle ne peut être séparée, nullité
« fondée sur des motifs d'ordre public. » (Sirey, 1848, 1,
572.)

147. III. La justice devra prononcer la nullité d'une
transaction, qui porterait sur l'interprétation du contrat de
mariage. Je puise les motifs de cette solution dans l'article
1395 du Code civil, qui s'oppose à ce que les parties n'ap-
portent aucun changement aux conventions matrimoniales,
après la célébration du mariage.

Or ne serait-il pas trop facile aux époux de contrevenir
à cette règle, qui est d'ordre public, en simulant une difficulté sur l'interprétation de telle ou telle clause de leur
contrat, et en renouant entre eux le bon accord et les relations amicales, par une transaction habilement conçue et
modifiant plus ou moins profondément leurs conventions
primitives ?

148. IV. J'aborde, pour terminer, une question des
plus intéressantes, et qui, en raison de son importance doctrinale et pratique, a toujours vivement exercé l'attention des
jurisconsultes. Je veux parler de la transaction en matière
pénale, c'est-à-dire de celle qui a lieu relativement à des
crimes ou à des délits.

La question n'est pas neuve, j'ai eu déjà l'occasion d'expliquer la théorie romaine sur ce point (*supra*, n°s 31, 32,
33, 34, 35 et 36). Il me reste à l'exposer, d'après les principes de notre droit public et civil.

149. L'art. 2046 du Code Napoléon est spécialement consacré à cette matière : « on peut transiger, dit-il, sur l'inté-
« rêt civil qui résulte d'un délit. La transaction n'empêche
« pas la poursuite du ministère public. »

Entendons-nous bien d'abord sur les termes ; tout le monde est d'accord pour reconnaître qu'ici la loi entend par délit toute infraction, telle qu'elle soit, à la loi pénale. Les crimes, les délits proprement dits, les contraventions, sont régis par la même règle.

Dans un délit, on peut presque toujours distinguer deux choses : un attentat à l'ordre ou à la sécurité publique, et une lésion à des intérêts privés. Je dis que la distinction est possible ; car quoique ces deux choses résultent d'un seul et même acte, elles ne sont pas inséparables l'une de l'autre ; et ce fait unique, mais complexe, qui constitue le délit, peut être décomposé, et donner lieu à deux poursuites distinctes et souvent même indépendantes : l'action publique et l'action privée, la répression pénale et la réparation civile. L'une est à la discrétion du magistrat, chargé de veiller au maintien des mœurs et de l'ordre public, et au respect dû aux lois ; l'autre dépend des particuliers que cette infraction au droit public a injustement atteints dans leurs biens, dans leurs personnes ou dans leur honneur.

Je trouve une application frappante de ce grand principe de notre législation française, dans l'art. 1er du Code d'instruction criminelle, qui est ainsi conçu :

« L'action pour l'application des peines n'appartient qu'aux fonctionnaires, auxquels elle est confiée par la loi. — L'action en réparation du dommage causé par un crime, par un délit ou par une contravention, peut être exercée par tous ceux qui ont souffert de ce dommage. »

Et l'action privée est si bien indépendante de la poursuite criminelle, que l'article 358 du même Code prévoit le cas où l'accusé, quoique acquitté au point de vue de la culpabilité pénale, peut cependant être condamné à une réparation pécuniaire, à l'occasion du fait même qui servait de base à la poursuite du ministère public.

C'est cette théorie de droit pénal qui sert de fondement à l'article 2046 du Code civil.

Une séparation complète s'élève entre le procès criminel et le procès civil. La partie lésée aura beau transiger avec le coupable sur les dommages-intérêts qui peuvent lui être dus, jamais elle ne réussira à enchaîner le bras du ministère public, ni à paralyser son action.

C'est au point que l'art. 249 du Code de procédure civile établit une dérogation importante au droit commun sur les transactions ; il prohibe formellement l'exécution de toute transaction sur la poursuite de faux incident, tant qu'elle n'a été homologuée en justice, après avoir été communiquée au ministère public, lequel peut faire à ce sujet telles réquisitions qu'il juge à propos.

150. Voilà la règle ; voici les exceptions :

1° En matière de contributions indirectes, les transactions faites entre l'administration et les délinquants, pour contravention et délits de fraude, ont pour effet, non seulement d'arrêter toutes poursuites sur les peines d'amende et de confiscation, mais encore de soustraire les contrevenants à la peine même de l'emprisonnement, lorsque la transaction n'intervient qu'après le jugement de condamnation. Cette solution résulte d'un arrêt très-remarquablement motivé de la Cour de cassation. (Sirey, Collect. nouv., t. 9. 1, 479.)

151. 2° La même décision doit être adoptée en matière de douanes ; en vertu de l'art. 10 de l'ordonnance du 30 janvier 1822 qui est ainsi conçu :

« Dans les affaires résultant de procès-verbaux de saisie
« ou de contravention, les transactions délibérées en conseil
« d'administration sont définitives : 1° par l'approbation

« du directeur général, lorsque lesdites condamnations
« n'excéderont pas 3,000 fr. ; 2° par l'approbation du mi-
« nistère des finances, lorsqu'il y aura eu dissentiment
« entre le directeur général et le conseil d'administration,
« et, dans tous les cas, lorsque le montant des condamna-
« tions excédera 3,000 francs. »

152. 3° La loi du 18 juin 1859, modifiant l'art. 159 du
Code forestier, a autorisé l'administration des eaux et fo-
rêts à transiger, avant jugement définitif, sur la poursuite
des délits et des contraventions en matière forestière, commis dans les bois soumis au régime forestier. Après jugement définitif, ajoute la loi, la transaction ne peut porter
que sur les peines et réparations pécuniaires.

153. 4° Enfin l'administration des postes peut transiger
sur les contraventions postales ; cela résulte de l'ordonnance du 19 février 1848.

154. Il existe exceptionnellement certains délits que le
ministère public ne peut poursuivre d'office, et pour lesquels
son action répressive ne peut se produire que sur une plainte
formelle de la partie lésée.

Dans ce cas je considère la poursuite publique comme
totalement paralysée, tant que la dénonciation n'a pas eu
lieu. Le but du législateur a été précisément d'éviter le
scandale d'un débat public, laissant à la victime seule le
choix du parti à prendre ; il a considéré que l'atteinte portée au corps social devait s'effacer, à cause de son peu d'importance, devant les intérêts respectables de l'honneur des
familles.

Mais le scandale produit par une plainte publique doit
naturellement changer la situation ; le ministère public
recouvre sa liberté d'action, et ses poursuites sont, à l'ave-

6

nir, indépendantes de toute transaction qui pourrait intervenir.

155. J'ai expliqué les différents cas dans lesquels une
transaction devait être annulée, à cause de l'indisponibilité
de son objet. La règle générale, je le répète, est que, hor-
mis ces exceptions, toutes motivées sur des intérêts d'un
ordre supérieur, toute chose peut être l'objet d'une transaction.

Ai-je cependant besoin d'ajouter que nous ne pouvons
transiger sur des questions intéressant directement notre
liberté et nos droits politiques? La Cour de Rennes l'a décidé dans un arrêt du 12 février 1824 (Sirey, Collect. nouv.,
t. 7, 2, 319). Mais n'eussions-nous pas cette puissante autorité, pourrions-nous hésiter à flétrir et à prohiber, comme
contraire aux mœurs et aux lois, un acte qui offense si
directement la dignité de l'homme et les droits inestimables
du citoyen français?

CHAPITRE IV.

DE LA CAPACITÉ POUR TRANSIGER.

156. La transaction est, en soi, un acte tellement grave,
que, pour l'accomplir, l'homme doit jouir de toute la plé-
nitude de sa volonté intelligente et libre. Si la faiblesse de
sa raison, si une situation particulière et digne d'intérêt,
font obstacle à l'indépendance et à la parfaite compréhen-
sion de ses actions et paralysent dans une limite grave
l'exercice de son libre arbitre, il est du devoir du législateur, et il n'y a pas failli, de l'entourer d'une protection

toute spéciale, de confier à une main sûre la direction et la surveillance de ses intérêts, et de le prémunir efficacement contre les écueils sans nombre qui attendent son inexpérience, autant que contre les entraînements irréfléchis, et les honteuses obsessions d'indignes et méprisables spéculateurs.

157. Ces considérations, qui méritent assurément notre plus vif intérêt, expliquent une apparente contradiction dans laquelle on pourrait nous accuser d'être tombé.

Comment se fait-il, pourrait-on en effet être tenté de nous dire, que vous ayez rangé la transaction parmi les actes simplement déclaratifs de propriété, quand vous voyez que la loi elle-même exige, pour son accomplissement, la capacité nécessaire pour les actes translatifs de propriété? (Voir notre n° 80.)

Je réponds que, en dehors de son caractère purement déclaratif que j'ai déjà établi et sur lequel je n'ai pas à revenir, la transaction doit présenter aussi un autre caractère, qui est de son essence même, et que j'ai caractérisé par ces termes : *concessions réciproques !* Or concéder, n'est-ce pas disposer ?

Il faut aller plus loin : qu'est-ce qu'un acte purement déclaratif de propriété? Appliqué à la transaction, c'est un acte par lequel chacun des adversaires dit à l'autre : voici un droit que je prétendais avoir à moi seul ; je reconnais et je *déclare* que telle portion de ce droit vous appartient réellement et que mes prétentions étaient excessives ; je les réduis dans leurs justes limites. Je le demande encore, faire cette reconnaissance, cette *déclaration*, n'est-ce pas disposer ?

La loi a donc sagement agi en exigeant, pour la transaction, la capacité qu'elle demande pour tous les actes de disposition.

158. La capacité étant la règle et l'incapacité l'exception, nous avons à rechercher quels sont ceux que notre droit civil frappe, soit absolument, soit relativement, d'impuissance, et dans quelles limites il faut appliquer ses prohibitions.

Il faut reconnaître, sur ce sujet, huit classes d'incapables :

1° Les mineurs proprement dits ;

2° Les mineurs émancipés ;

3° Les émancipés commerçants ;

4° Les interdits ;

5° Ceux qui sont pourvus d'un conseil judiciaire ;

6° Les femmes mariées ;

7° Certains personnes morales placées sous la tutelle administrative ;

8° Les faillis.

Il est nécessaire que nous nous expliquons séparément sur chacun de ces incapables ; nous allons le faire le plus brièvement qu'il nous sera possible, sans être trop incomplet.

I. — LES MINEURS PROPREMENT DITS.

159. De tous les incapables, celui que la loi s'est toujours le plus appliquée et avec raison, à entourer de sa bienveillante protection et de sa vigilante sollicitude, c'est l'enfant privé de ses soutiens naturels et livré à tous les dangers de son inexpérience, avant d'avoir atteint un développement suffisant de son intelligence et le complet épanouissement de sa volonté et de sa raison. Les dispositions légales faites en sa faveur sont nombreuses ; je ne veux en relever qu'une seule, celle de l'art. 467 du Code Napoléon, qui est toute spéciale à notre sujet.

160. Ce texte est ainsi conçu :

« Le tuteur ne pourra transiger, au nom du mineur,
« qu'après y avoir été autorisé par le conseil de famille, et
« de l'avis de trois jurisconsultes, désignés par le procureur
« impérial près le tribunal de première instance.

« La transaction ne sera valable qu'autant qu'elle aura
« été homologuée par le tribunal de première instance,
« après avoir entendu le procureur impérial. »

Ainsi, c'est le tuteur que la loi charge de transiger au
nom des intérêts du mineur. Cette mesure est sage. Il eût
été à craindre que, poussant sa protection outre mesure,
elle ne prohibât d'une manière absolue ce mode si excellent
d'extinction des procès. Notre Code civil n'est heureusement pas allé jusque-là ; il a senti combien la transaction portait en elle d'avantages, et il n'a pas voulu rendre
sa protection fatale et désavantageuse au mineur.

Seulement, il a exigé que l'acte du tuteur fût, en raison
même de son importance, entouré de garanties tout exceptionnelles.

161. 1° L'autorisation du conseil de famille est indispensable ; s'il la refuse, tout est fini ; et, quelque convaincu
que puisse être le tuteur des avantages considérables que
présenterait la transaction, il ne peut aller au-delà.

162. 2° La loi exige l'avis de trois jurisconsultes. On a
soulevé une controverse sur cette formalité. Suffit-il que le
tuteur ait demandé l'avis, le conseil de trois jurisconsultes,
ou bien est-il nécessaire que ceux-ci soient d'une opinion
favorable à l'acte transactionnel ?

On a soutenu que le but de la loi était de fournir au
tuteur et au conseil de famille des lumières complètes sur
la portée de l'acte, et surtout sur les points de droit qui

pouvaient être l'objet du litige; que, par conséquent, il suffisait qu'ils fussent éclairés par la consultation d'hommes compétents, quelle que fût d'ailleurs leur décision.

Je ne partage pas cette opinion. Sans doute, le vœu du législateur a bien été celui qu'on expose; mais ce motif n'a pas été le seul; il a voulu aussi que l'opinion des jurisconsultes fût une *garantie*, et c'est à ce titre que la loi dit positivement : *de l'avis* de trois jurisconsultes. Or que signifie cette expression, sinon une conformité d'opinion entre ces jurisconsultes et le tuteur, l'approbation formelle de la transaction?

Il est dans l'usage que le procureur impérial choisisse ces jurisconsultes parmi des avocats ayant plus de dix ans d'exercice dans le ressort de la Cour. Cette mesure est prudente et sage, et nous ne pouvons qu'y applaudir. Mais il ne s'ensuit pas que tout autre choix fût illégal. A mes yeux, tout avocat, des avoués, des notaires, d'anciens magistrats sont également aptes à remplir le but de la loi.

163. 3º Le Tribunal doit être appelé à homologuer la transaction après avoir entendu les conclusions du ministère public. Peu importe d'ailleurs que celui-ci soit ou non favorable à la transaction. Le Tribunal le consulte et peut ne pas tenir compte de son opinion. Mais ce qui est indispensable, c'est l'homologation. Si la justice la refuse, la transaction sera nulle, malgré la demande du tuteur, malgré l'approbation du conseil de famille, malgré l'avis conforme des trois jurisconsultes. C'est ce qui résulte évidemment de la seconde partie de l'article 467, et ce texte est confirmé par l'article 2045 du Code civil.

164. Il est certain que, si toutes ces formalités ne sont pas scrupuleusement observées, la transaction ne vaudra

pas. Mais en cas contraire, sa validité étant incontestable, on s'est demandé si le mineur, auquel elle est parfaitement opposable, ne serait pas au moins fondé à en demander la rescision pour cause de lésion.

La question est depuis longtemps controversée.

Je suis partisan de la négative, Le tuteur, quand il a agi dans la limite de ses droits et en s'entourant de toutes les précautions que la loi lui impose, est un véritable mandataire, et il oblige son mandant pour les actes qu'il a passés en son nom, et dans toute leur étendue. L'article 1998 est applicable, avec cette différence que le tuteur, au lieu de recevoir ses pouvoirs du mineur, les tient directement de la loi.

Si l'on m'oppose l'article 1314, en me faisant observer que la transaction n'est pas, à l'exemple des aliénations d'immeubles et des partages de succession, mise à l'abri d'une rescision future, je répondrai que cet article suppose que les actes dont s'agit ont été faits par le mineur lui-même et non par son tuteur, conformément aux pouvoirs que la loi lui a conférés.

165. Quel serait le sort d'une transaction, passée, non plus par le tuteur, mais par le mineur lui-même, dans les formes ordinaires ?

Le mineur, par cela qu'il est mineur, n'est pas frappé d'une incapacité absolue de contracter. La célèbre maxime : *Minor, non tanquam minor, sed tanquam lœsus, restituitur*, indique bien le caractère de la rescision pour cause de lésion. Assurément la loi doit protéger le mineur ; mais est-elle obligée d'annuler par là même tous les actes qu'il fait, ceux qui lui sont avantageux, comme ceux qui blessent ses intérêts ? Singulière protection, qui serait pire que le droit commun, puisqu'elle serait aveugle et inintelligente!

D'un autre côté, la loi doit-elle étendre sa sollicitude jusque sur ceux qui ont contracté avec un mineur? Elle encourrait alors le blâme énergique de tous les honnêtes gens; car elle favoriserait ces individus, une de nos plus douloureuses plaies sociales, dont le dégradant métier consiste à faire porter leurs basses convoitises sur des fortunes, placées entre des mains jeunes et ardentes, que la générosité entraîne trop facilement sur la pente d'une désastreuse prodigalité.

Je n'annulerai donc une transaction passée entre un mineur et un majeur, qu'à cette double condition : 1° que le mineur en éprouvera une lésion certaine ; 2° que celui-ci seul en pourra poursuivre en justice la rescision.

166. Il résulte des articles 472 et 2045 du Code civil, qu'il faudra ne tenir aucun compte d'une transaction intervenue entre le tuteur et le mineur devenu majeur, relativement au compte de tutelle :

« La loi est ici très-prévoyante, dit avec une haute raison
« l'éminent M. Troplong (n° 43); elle craint l'impatience
« d'un jeune homme de vingt et un ans, qui brûle d'entrer
« dans l'exercice de ses droits, même aux prix des sacri-
« fices onéreux; elle craint aussi l'influence du tuteur, elle
« se méfie d'une gestion qui se cache, et vient s'abriter
« derrière une transaction faite sans connaissance de
« cause. »

167. Telle est la règle; mais faudrait-il aller jusqu'à croire nulle toute transaction, passée entre un tuteur et son pupille devenu majeur? Je ne le pense pas. Le principe, posé dans les articles 472 et 2045 du Code Napoléon ne doit s'appliquer, je pense, qu'aux transactions relatives au compte de tutelle. Les motifs qui ont dicté ces textes

l'indiquent assez clairement. C'est aussi ce qui a été virtuellement décidé par un arrêt de la Cour de Paris, en date du 16 mars 1814, qui a jugé que, dès lors qu'il était constant que le mineur n'avait pas eu de biens pendant sa minorité, ce qui résultait d'un procès-verbal de carence dressé à la mort de ses auteurs, il ne pouvait attaquer une transaction faite avec son ex-tuteur, sous prétexte qu'elle n'avait pas été précédée de la reddition d'un compte de tutelle (Sirey, collect. nouv., t. 4, 2, 383).

II. — LES MINEURS ÉMANCIPÉS.

168. L'émancipation confère certainement au mineur des droits plus étendus et une liberté d'action moins gênée, que celle dont il jouissait, avant d'avoir obtenu ce bénéfice légal. Ainsi, elle lui donne l'administration de tous ses biens, la libre disposition de tous ses revenus, et certains autres droits qu'il est inutile de signaler ici.

Il semble, à première vue, incontestable que le mineur émancipé pourra toujours transiger, au moins sur ce qui concerne l'administration et la jouissance de ses biens.

Cette faculté lui est cependant refusée par plusieurs jurisconsultes, qui lui imposent l'observance de l'article 467 du Code Napoléon. La seule chose qui le distingue du mineur en tutelle, a-t-on dit, c'est qu'il agit lui-même au lieu d'être représenté.

169. Il ne m'est pas possible de me rallier à cette doctrine. D'abord, l'exposé des motifs sur les transactions, qui est l'explication officielle des volontés du législateur, s'exprime ainsi : « La capacité nécessaire pour transiger « est relative à l'objet de la transaction. Ainsi le *mineur* « *émancipé pourra transiger sur les objets d'administration*

« *qui lui sont confiés et sur ceux dont il a la disposition.* »
Est-ce assez formel ? Le mineur émancipé a l'administration de ses biens, donc il peut transiger sur les difficultés
relatives à cette administration. Il a la libre jouissance de
ses revenus, donc il peut transiger sur tout ce qui concerne
ses revenus.

J'ajoute que ceux qui veulent voir dans la transaction
autre chose qu'un acte d'administration, ne justifient pas
suffisamment une telle assertion, et ce serait mal protéger
le mineur émancipé que de lui permettre de dissiper,
comme bon lui semble, tous ses revenus, sans que sa con-
duite soit soumise à d'autre contrôle que la menace d'une
révocation de son émancipation, et de lui refuser de chercher à éviter un procès, souvent ruineux, par une transaction habile et intelligente.

Lorsque le mineur émancipé ne peut administrer ni disposer sans l'assistance de son curateur, qu'on lui impose
cette prudente autorité, rien de mieux ; mais aller au delà,
serait aller contre le vœu du législateur, contre les textes
qui le reproduisent, et contre les idées sagement libérales
dans lesquelles nous vivons.

III. — LE MINEUR ÉMANCIPÉ COMMERÇANT.

170. L'article 487 du Code civil est ainsi conçu : « Le
« mineur émancipé, qui fait un commerce, est réputé ma-
« jeur, pour les faits relatifs à ce commerce. »

Ainsi, tout mineur émancipé, qui d'ailleurs a obéi aux
prescriptions de l'article 2 du Code de commerce, peut,
la conséquence est rigoureusement logique, transiger valablement pour tous les actes relatifs à son commerce. La
raison en est bien simple : la transaction n'est-elle pas,
pour un commerçant, un acte journalier et indispensable
à l'exercice du libre échange ?

Je poserai cependant une limite. L'article 6 du Code commercial ne permet la vente des immeubles, pour le mineur émancipé, qu'en suivant les formalités prescrites par les articles 457 et suivants du Code Napoléon. J'en conclus que toute transaction relative à ces mêmes immeubles devra être faite selon les formes indiquées par l'article 467 du Code Napoléon.

Ce privilège de l'émancipé n'est accordé qu'en faveur de son commerce. Par conséquent, pour tous les actes qu'il fait en dehors de l'exercice de sa profession, il ne peut transiger que dans les conditions que j'ai indiquées aux nos 168 et 169.

IV. — LES INTERDITS.

171. Il y a deux sortes d'interdits, les interdits judiciairement et les interdits légalement.

Les interdits judiciairement sont ceux que la perte de leur intelligence, l'aliénation de leurs facultés mentales ont mis la justice dans la nécessité de priver de l'exercice de leurs droits civils.

Les interdits légalement sont ceux qui, condamnés à la peine des travaux forcés à temps, de la détention ou de la réclusion, sont réduits, par l'article 29 du Code pénal, à une incapacité absolue et de plein droit pendant toute la durée de leur peine.

172. L'interdit judiciaire doit, selon nous, être entièrement assimilé au mineur, au moins quant aux actes de gestion que son tuteur pourra et devra faire ; nous lui appliquerons donc l'article 467 du Code Napoléon.

Je pense même que sa situation personnelle doit être considérée moins avantageusement que celle du mineur ;

tandis, en effet, que celui-ci est capable d'un consentement plus ou moins raisonnable; que son intelligence, loin d'être perdue, manque seulement d'être suffisamment développée, l'interdit, au contraire, est un être totalement dénué de raison, et chez lui le vice du consentement est absolu et irremédiable.

. Que conclure de ceci ? C'est que la transaction, passée par un interdit, ne devra pas être simplement rescindée pour cause de lésion, comme celle faite par un mineur ; la justice devra, dans tous les cas et en tout état de cause, même, d'après notre théorie sur l'interdiction, lorsqu'elle aura été faite dans un intervalle lucide, annuler cette transaction, en vertu de l'article 502 du Code civil, qui déclare formellement *nuls de plein droit* tous actes passés par l'interdit, postérieurement à son interdiction.

Je dois faire observer que l'article 39 de la loi du 30 juin 1838, dispose que les actes faits par une personne placée dans un établissement d'aliénés, pendant le temps qu'elle y aura été retenue, sans que son interdiction ait été prononcée ni provoquée, pourront être attaqués pour cause de démence, conformément à l'acte 1304 du Code civil. Les aliénés sont donc, dans une certaine mesure, assimilés aux interdits judiciaires.

173. Quant aux interdits légalement, leur situation ne résulte pas de la perte de leur volonté et de leur intelligence; il faut aller puiser dans des motifs d'ordre public les causes de leur interdiction.

La vindicte sociale est intéressée au plus haut point à ce que les criminels dangereux n'aient pas entre leurs mains le maniement de fonds, avec lesquels ils pourraient se procurer, non-seulement un adoucissement à leurs peines, mais encore des moyens efficaces pour s'évader et commettre de nouveaux méfaits. Cette pensée a dicté l'article 31 du Code pénal.

Or la volonté si sage du législateur ne serait-elle pas tenue en échec, si le condamné pouvait, sans toucher ses revenus, faire des transactions ou tout autre contrat, relativement à ses biens? Ce serait pour lui un expédient certain pour se procurer de l'argent. Il fallait donc le placer en état d'interdiction absolue.

Il doit, du reste, être, quant aux effets de cette incapacité légale, complétement assimilé à l'interdit judiciaire.

V. — CEUX POURVUS D'UN CONSEIL JUDICIAIRE.

174. Lorsque, sur la demande qui lui en a été faite, la justice, peu confiante dans la prudence et dans la sagesse qui dirigent une personne dans l'administration de ses biens, l'a placée, en vertu des articles 499 et 518 du Code civil, sous la surveillance et l'autorité d'un conseil judiciaire, il en résulte pour elle une incapacité complète pour transiger.

Ici le texte de l'article 513 est formel : la transaction est expressément comprise parmi les actes que le prodigue ne peut accomplir sans l'assistance de son conseil judiciaire.

Cette incapacité est, d'ailleurs, d'une nature toute spéciale. Le conseil judiciaire, en effet, n'a pas plus compétence pour transiger seul que le prodigue sans être assisté par lui : la présence et le concours de tous les deux dans l'acte sont également indispensables. Mais le prodigue seul serait recevable à invoquer la nullité résultant de l'inobservance de cette règle.

VI. — LES FEMMES MARIÉES.

175. L'incapacité de la femme mariée, qui est d'ordre public, et dont la nécessité est si parfaitement reconnue que

toutes les législations l'ont, dans tous les temps, proclamée, n'est point fondée sur la faiblesse et l'inexpérience des affaires généralement inhérentes à son sexe. Comment expliquerait-on, en effet, que la loi accordât à la femme, majeure de vingt et un ans, mais non mariée, une capacité complète et aussi parfaite que celle de l'homme, et qu'elle l'en privât du jour où elle contracterait mariage?

Il faut chercher ailleurs les motifs de cette sévérité de la loi. Le législateur a pensé pouvoir, sans offenser en rien la sainteté du lien conjugal ni le respect qui lui est dû, considérer le mariage comme une société composée de deux personnes et ayant pour but d'unir leur commune destinée pour partager les joies comme les amertumes de l'existence. Et comme, dans toute société sagement organisée, il faut qu'il y ait un chef, dont l'autorité soit prépondérante, afin d'empêcher tout conflit entre deux volontés égales ou opposées, d'où résulterait inévitablement le germe de dissidences fatales et d'inépuisables discordes, la loi a confié cette puissance au mari, comme au plus apte à gouverner, par ses connaissances spéciales et les ressources de son expérience, l'association conjugale, considérée tant dans les personnes que dans les biens.

De là est née cette nécessité, pour la femme mariée, de ne pouvoir agir qu'avec l'assentiment de son mari. Lisons maintenant l'article 217 du Code civil : « La femme, même « non commune ou séparée de biens, ne peut donner, alié- « ner, acquérir, à titre gratuit ou onéreux, sans le con- « cours du mari dans l'acte, ou son consentement par « écrit. »

176. Ainsi, quand bien même l'acte transactionnel passé par la femme lui aurait été éminemment avantageux, quand bien même le mari ne pourrait présenter aucun prétexte

sérieux à l'appui de son refus, la femme est impuissante à contracter et par suite à transiger : et cela, en vertu de l'obéissance que lui impose l'article 213 et par respect pour l'autorité conjugale.

Voilà la règle générale : elle n'est pas sans exceptions, et à côté de ce pouvoir arbitraire, la loi a placé le remède et la sanction.

177. Il peut se faire, en effet, que des caprices inexpli-cables et malveillants remplacent la protection que la femme peut exiger de son mari, au nom de la nature et de la loi ; elle peut alors s'adresser à la justice, et se faire, en vertu de l'article 219, autoriser par elle à passer l'acte, que ses intérêts les plus sérieux réclament, et pour lequel elle ne peut obtenir de son mari un consentement mani-festement mérité.

Du reste, ne peut-il pas arriver qu'un obstacle matériel et involontaire mette la femme dans l'impossibilité absolue de se procurer ce consentement ? Que l'on suppose le mari absent, interdit, mineur, et par suite incapable de con-sentir : fallait-il laisser la femme impuissante à gérer ses biens et réduite à les voir se déprécier et périr de jour en jour, sans pouvoir y obvier ?

178. D'un autre côté, l'association conjugale peut ne pas être, au point de vue des biens, unie par des liens aussi étroits que ceux que nous avons supposés jusqu'ici.

Les époux sont-ils séparés de biens ? La femme peut (art. 1449) disposer de son mobilier et l'aliéner; donc elle peut transiger librement sur cette partie de sa fortune ; quant aux immeubles, au contraire, elle reste soumise à l'autorisation de son mari.

Ont-ils adopté le régime dotal ? La femme peut transiger

sur ce qui concerne l'administration et la jouissance de
ses paraphernaux (art. 1576).

La femme est-elle marchande publique ? Elle devra,
quant à ce qui regarde l'exercice de sa profession, être
assimilée au mineur émancipé commerçant (voir notre
nº 170, combiné avec l'article 7 du Code de commerce).

Est-il nécessaire de faire défiler ici toutes les différentes
combinaisons de régimes matrimoniaux que les époux
peuvent adopter, pour examiner sous chacune le degré de
capacité de la femme ? Je ne le pense pas. La solution sera
toujours facile à trouver, pourvu que l'on ne perde pas de
vue, d'un côté, les motifs qui ont fait placer la femme mariée dans cette situation de dépendance vis-à-vis de son
mari, et que, d'autre part, on ait toujours soin d'appliquer
cette grande règle, qui domine notre matière, que, pour
transiger valablement sur des biens, il faut en posséder la
jouissance et la libre disposition.

179. La transaction ayant pour objet principal de maintenir la tranquillité qui menace d'être troublée et de rétablir la paix et la concorde, il semblerait que son utilité de-
vînt plus grande à mesure qu'elle pénètre et qu'elle ob-
tient son libre exercice dans l'intimité même des familles.

A ce point de vue, ne doit-elle pas être vivement encou-
ragée entre les époux eux-mêmes ?

Pourtant, non-seulement il n'en est pas ainsi, mais elle
est et doit être sévèrement prohibée entre époux.

On a craint l'influence si puissante du mari sur sa femme;
on redoute que celle-ci n'ait pas un caractère assez énergique et une volonté assez ferme pour résister aux sollici-
tations intéressées de son mari, qui peut, en raison même
de cette situation qu'il doit bien connaître, être trop facilement tenté de se livrer, au préjudice de sa femme, à des

spéculations, parfois déshonnêtes, sur sa fortune et sur ses droits.

L'accord est donc unanime pour reconnaître que la prohibition écrite dans l'art. 1595, relativement à la vente, doit être étendue à la transaction, mais, bien entendu, avec les exceptions qu'elle comporte. Pour l'une comme pour l'autre, les motifs sont exactement les mêmes.

VII. — LES PERSONNES MORALES PLACÉES SOUS LA TUTELLE ADMINISTRATIVE.

180. Je compte examiner, sous cette rubrique, la capacité de trois sortes de personnes morales : les communes, les départements et les établissements publics. L'utilité pratique de ces questions nous impose un examen sérieux et complet.

181. **A.** *Les communes.* — Il n'est pas sans intérêt de rechercher quelle était la législation ancienne, qui réglementait jadis le droit de transaction accordé aux communes.

Lorsque le droit romain régnait encore dans les provinces de droit écrit, c'était la loi 12, au Code, *de Transactionibus*, qui formait la règle générale ; elle chargeait le président de la province d'examiner si la transaction avait réellement pour but de mettre fin à des contestations douteuses ; et, dans ce cas, s'il la pensait avantageuse, il l'autorisait.

C'était une véritable homologation ; nous la retrouverons dans nos lois modernes.

Plus tard, et c'est là qu'en était arrivée notre législation avant les grands bouleversements de 1789, les transactions étaient consenties par les maires ou échevins des communes ; mais ils étaient astreints à obtenir l'assentiment de la ma-

7

jorité de leurs administrés (les deux tiers, ont décidé plusieurs arrêts), et l'approbation, sinon du souverain lui-
même par lettres patentes, au moins de l'intendant de la
province. Ce système présentait donc une grande analogie
avec la loi romaine.

Toutefois, on était fort peu d'accord sur la nécessité de
ces divers contrôles. Ainsi, il fut jugé en vertu des édits
d'avril 1667 et d'août 1683 et de la déclaration royale de
1687, que les transactions sur procès entre communes, an-
ciennement consenties sans autorisation, particulièrement
dans le ressort du parlement de Navarre, n'en étaient pas
moins valables, lorsqu'elles avaient été homologuées par
arrêt de la Cour souveraine, sur les conclusions formelles
du ministère public. « Telle était en 1775, dit cet arrêt, la
« hauteur à laquelle était placé le ministère public, qu'il
« planait sur toute la société, et que l'ordre public était
« placé sous sa sauvegarde, comme dépositaire, sous ce
« rapport, de l'autorité royale. » Cet arrêt est recueilli
dans lacollection nouvelle de Sirey, tome 9, 1re part., page
100.

La délimitation des pouvoirs et les règles de compétence
laissaient à désirer, on le voit, dans notre ancienne jurisprudence.

182. La grande révolution survint et détruisit tout ce qui
avait été établi. Néanmoins, quand l'ordre commença à re-
naître, les anciens principes se firent jour de nouveau, et
l'on vit reparaître la nécessité pour le tuteur légal de la
commune, de l'autorisation de ses administrés et de l'homologation du pouvoir supérieur.

Le 21 frimaire an XII, le premier consul, qui se sentait
à la veille de ceindre la couronne impériale et dont, à ce
moment, les décisions étaient des lois, rendit un arrêté
ainsi conçu :

« Art. 1. Dans tous les procès nés ou naître, qui auraient
« lieu entre des communes et des particuliers, sur des
« droits de propriété, les communes ne pourront transiger
« qu'après une délibération du conseil municipal, prise sur
« la consultation de trois jurisconsultes, désignés par le
« préfet du département, et sur l'autorisation de ce même
« préfet, donnée d'après l'avis du conseil de préfecture.

« Art. 2. Cette transaction, pour être définitivement va-
« lable, devra être homologuée par un arrêté du gouverne-
« ment, rendu dans la forme prescrite pour les règlements
« d'administration publique. »

Ainsi, trois conditions préalables : 1° consultation de
trois jurisconsultes désignés par le préfet ; 2° délibération
du conseil municipal ; 3° autorisation préfectorale, rendue
en conseil de préfecture.

Alors seulement, le maire peut transiger, mais une dernière formalité essentielle sert de couronnement à cet édifice administratif : l'homologation du gouvernement !

Trois mois après, le titre du Code civil sur les transactions confirma cette réglementation, par la promulgation
de son art. 2045 ; l'autorisation formelle du Souverain fut
expressément exigée, et l'on fut d'accord pour admettre
que les autres conditions de l'arrêté consulaire devraient
continuer à être observées.

183. La loi du 18 juillet 1837 a légèrement modifié cet
état de choses. L'art. 59 de cette loi porte que « toute
« transaction consentie par un conseil municipal ne peut
« être exécutée qu'après l'homologation par ordonnance
« royale, s'il s'agit d'objets immobiliers ou d'objes mobi-
« liers d'une valeur supérieure à 3,000 fr., et par arrêté du
« préfet en conseil de préfecture dans les autres cas. »
Sauf ce changement, la législation reste la même.

184. Enfin, le décret du 25 mars 1852 (1) qu'on est con_
venu d'appeler *de décentralisation*, donne, dans son art. 1er,
aux préfets le droit de statuer désormais sur toutes les
affaires départementales et communales, qui, jusqu'à ce
jour, exigeaient la décision du Chef de l'État ou du Ministre
de l'intérieur, et dont la nomenclature est fixée par le
tableau A, y annexé. Or, dans ce tableau A, on lit, sous le
n° 43 : *Transactions sur toutes sortes de biens, quelle qu'en
soit la valeur.*

Telles sont les variations qui ont affecté notre législation
sur le droit de transiger qui appartient aux communes, et
la situation légale où elles se trouvent présentement.

185. Quel serait le résultat de l'inobservation des formalités nombreuses requises par les lois que je viens d'indiquer ?

1° Il a été jugé que l'omission de la consultation des trois
jurisconsultes rendait la transaction essentiellement nulle
(Sirey, 1837, 1, 897), et que l'arrêté préfectoral qui homo-
loguerait une transaction, non précédée d'un tel avis, pourrait être déféré au Conseil d'État, comme contenant un
excès de pouvoir ; cette dernière solution résulte de deux
arrêts du Conseil d'État, annulant l'un un arrêté du préfet
de la Manche (Sirey, 1860, 2, 501), et l'autre une décision
du Ministre de l'intérieur (Sirey, 1860, 2, 569).

2° Le Conseil d'État a également annulé un arrêté du
préfet de l'Eure, homologuant une transaction, consentie
par le Conseil municipal, au nom d'une commune ou d'une
section de commune, arrêté rendu en dehors du Conseil de
préfecture, qui pourtant avait antérieurement donné son
avis sur le projet de transaction (Sirey, 1863, 2, 142).

(1) Il est indispensable de faire observer que ce décret, rendu par
le prince Président de la République, et en vertu de l'article 58 de la
Constitution des 14-22 janvier 1852, a force de loi.

186. Les communes peuvent, quand toutes les formalités ont été remplies, mais que la transaction leur fait éprouver une lésion, faire annuler cet acte. Quelle est la juridiction compétente ? Cette question a été vivement débattue, et la jurisprudence l'a tranchée en faveur de l'autorité judiciaire ; c'est ce qui résulte de deux décisions du Conseil d'État, qui a déclaré que l'ordonnance d'autorisation étant inattaquable, puisqu'elle n'est qu'un acte de tutelle administrative, la commune ne pouvait exercer qu'une action en rescision pour cause de lésion, du domaine des tribunaux judiciaires. On trouvera ces documents dans Sirey, 1835, 2, 497, et 1837, 2, 299.

187. Mais, d'un autre côté, toutes les garanties, dont la loi entoure les transactions faites par les communes, sont inspirées par une pensée protectrice pour ces sortes d'incapables. C'est pourquoi les communes seules peuvent se prévaloir de l'omission d'une de ces formalités et de la nullité qui en résulte, pour la faire prononcer par les magistrats.

La Cour de Cassation est invariable sur ce point (Sirey, 1836, 1, 609 ; 1841, 1,391).

188. **B.** *Les départements.* Je n'ai que fort peu de choses à dire sur cette matière. Les principes sont les mêmes que pour les communes.

Le préfet étant le tuteur et le représentant légal du département, c'est à lui qu'incombe le pouvoir de transiger.

Toutefois l'art. 4, § 6, de la loi organique du 10 mai 1838 exige la délibération préalable du conseil général ; l'art. 38 de la même loi veut que les transactions délibérées par le conseil général ne puissent être autorisées que par ordonnance royale, le conseil d'Etat entendu.

Le décret loi du 25 mars 1852 intervint, et, dans son ardeur de décentralisation, mit les préfets dans cette assez plaisante position de se donner gravement à eux-mêmes une autorisation qui, dans la pratique, a dû être plus souvent accordée que refusée (voir l'art. 1er et le tableau A n° 6 de ce décret).

Heureusement, une loi toute récente est venue mettre un terme à cette anomalie plus qu'étrange; l'art. 1er, § 14, de la loi des 18-24 juillet 1866 donne aux conseils généraux la mission de statuer définitivement sur les transactions qui concernent les droits des départements. Et afin d'entourer ces transactions des plus sérieuses garanties, voici ce que je lis dans la circulaire ministérielle du 4 août 1866 : « Pour suppléer autant que possible à l'examen du conseil d'Etat, et assurer aux intérêts du département une garantie sérieuse, il conviendra de se pourvoir de l'avis de trois jurisconsultes, comme le veut l'arrêté du 21 frimaire an XII, pour les transactions qui intéressent les communes. »

189. **C.** *Les établissements publics.* L'art. 2045 du Code Napoléon dit expressément que les établissements publics, de même que les communes, ne peuvent transiger, sans l'autorisation de l'empereur.

Le décret du 25 mars 1852 a encore modifié cette disposition, en abandonnant au préfet le droit d'accorder cette homologation, pour tous les établissements publics, institués par un département, un arrondissement ou une commune. (Tableau A, n° 55.)

On peut poser comme règle générale que la transaction doit être faite par le tuteur ou l'administration de l'établissement public, après avoir consulté le conseil institué pour veiller à sa gestion et aux intérêts de cette personne morale.

Pour appliquer ce principe, nous dirons donc que, pour les établissements de bienfaisance, les bureaux de charité légalement autorisés, le conseil municipal doit être, non pas prié d'approuver, mais au moins consulté ; cette formalité est rigoureusement imposée par la loi du 18 juillet 1837, art. 21.

De même, pour les fabriques, exigerons-nous le concours du conseil des marguilliers ; l'article 12 du décret organique du 30 décembre 1809 est ainsi conçu :

« Seront soumis à la délibération du conseil,...........
« 5° les procès à entreprendre ou à soutenir, les baux em-
« phythéotiques ou à longues années, les aliénations ou
« échanges, et généralement tous les objets excédant les
« bornes de l'administration ordinaire des biens des mi-
« neurs. »

Enfin, un texte législatif donne également une décision relative aux hospices. Voici comment est conçu l'art. 15 de l'arrêté du 7 messidor an XI :

« Pourra le comité consultatif, pour les cas qui le per-
« mettront, transiger sur tous les droits litigieux. Les
« transactions recevront leur exécution provisoire ; mais
« elles ne seront définitives et irrévocables qu'après avoir
« été approuvées par le gouvernement, à l'effet de quoi elles
« seront transmises au ministre de l'intérieur, revêtues de
« l'avis des préfets et sous-préfets. »

Est-il nécessaire d'ajouter qu'encore ici nous trouvons l'autorité préfectorale remplaçant celle du ministre, en vertu du n° 43 du tableau A du fameux décret dictatorial du 25 mars 1852 ?

VIII. — LES FAILLIS.

190. Nous sommes en présence d'une incapacité toute spéciale, et dont la raison d'être ne présente aucune analogie avec toutes celles que nous venons d'étudier.

Tandis, en effet, que nous venons de voir le législateur se préoccuper minutieusement de sauvegarder les intérêts de ceux qu'il jugeait impuissants à se gouverner eux-mêmes et veiller sur leurs biens avec une sollicitude toute exclusive, ici, au contraire, c'est dans une pensée de légitime méfiance, contre celui dont la faillite a été prononcée, et de sympathique protection, en faveur de ceux qui sont victimes de leur excessive confiance, que la loi a dû prendre des mesures conservatrices d'intérêts respectables et intéressant au plus haut point la justice et la sûreté publique.

Le Code de commerce, promulgué en 1807, a atteint ce but, en enlevant au failli, par le jugement même qui déclare sa faillite, l'administration de toute sa fortune (art. 443 et suiv.). Il en résulte pour le failli une incapacité absolue de transiger, et les articles 446 et 447 du même Code permettent de faire remonter les effets de cette prohibition à dix jours avant le jugement déclaratif de faillite.

Il était prudent d'empêcher le failli de faire des transactions qui, favorisant souvent certains créanciers au détriment des autres, eussent pu, dans tous les cas, avoir pour résultat de détourner, à son profit personnel, une partie des biens qui sont devenus le gage de tous les créanciers de la faillite.

191. Néanmoins, une lacune existait dans la loi; s'il était équitable d'enlever au failli tous ses droits d'administration, pour les confier à des syndics, agissant au nom et

dans l'intérêt de tous, n'était-il pas également juste de ne pas priver les créanciers des précieux avantages d'une transaction, intervenant en temps opportun et tarissant en un seul instant des sources fécondes en procès ruineux ?

Or, le Code de 1807 était muet sur ce point, et ce vice n'a été corrigé que par la loi du 28 mai 1838, qui modifie tout le titre du Code de commerce relatif aux faillites et banqueroutes.

Cette loi, qui forme notre régime actuel, accorde aux syndics, autorisés par le juge-commissaire et le failli dûment appelés, le droit de transiger sur toutes contestations qui intéressent la masse, même sur celles qui sont relatives à des droits et actions immobilières. « Si l'objet « de la transaction, ajoute l'article 487, est d'une valeur « indéterminée ou qui excède 300 fr., la transaction ne « sera obligatoire qu'après avoir été homologuée, savoir: « par le Tribunal de commerce, pour les transactions rela- « tives à des droits mobiliers, et par le Tribunal civil « pour les transactions relatives à des droits immobiliers. « Le failli sera appelé à l'homologation ; il aura, dans tous « les cas, la faculté de s'y opposer. Son opposition suffira « pour empêcher la transaction, si elle a pour objet des « biens immobiliers. »

192. On a soulevé, à propos de ce texte, la question de savoir si les créanciers ne seraient pas recevables à intervenir dans l'instance en homologation pour s'opposer à ce qu'elle fût accordée. Le syndic, disait-on, n'est que le mandataire des créanciers ; pourquoi donc refuser à ceux-là le droit d'intervenir dans sa gestion? L'article 494 leur donne bien la faculté de contester personnellement l'admission des créances au passif !

Il faut répondre que précisément aucun texte ne leur

donne le même droit, en ce qui concerne la transaction, et que l'article 494 est tout à fait inapplicable aux transactions consenties par le syndic, sous la garantie des prescriptions établies par la loi; qu'enfin, l'intervention des créanciers produirait une confusion, entraverait les opérations, et qu'il pourrait en résulter des demandes contradictoires. C'est ce qui a été décidé par la Cour impériale de Paris, le 12 décembre 1855 (Sirey, 1856, 2, 229).

193. Les créanciers ont un double moyen pour sortir de la fausse situation que leur impose la faillite : le concordat et l'union.

S'ils signent un concordat, l'état de faillite cesse, et le failli reprend, avec l'administration de ses biens, le droit de faire toutes sortes de transactions.

S'ils s'établissent en état d'union, l'article 535 du Code de commerce déclare que les syndics pourront, en se conformant aux règles prescrites par l'article 487, transiger sur toute espèce de droits appartenant au failli, nonobstant toute opposition de sa part.

194. Nous avons ainsi parcouru toute la série des personnes frappées par la loi d'incapacité. Atteintes d'une impuissance absolue ou relative, elles sont confiées à des administrateurs en qui la loi a confiance, et les garanties les plus efficaces assurent la conservation de leurs biens et la bonne gestion de leurs intérêts.

Ce serait peut-être ici le cas d'examiner l'étendue des pouvoirs des différents mandataires, soit légaux, soit conventionnels, autorisés par notre droit civil. Outre que cette étude nous entraînerait dans des développements trop considérables pour notre modeste cadre, nous pensons que ces questions se rattachent trop au droit commun pour pouvoir être traitées ici.

Qu'il nous suffise de rappeler la règle générale écrite
dans l'article 1988 du Code Napoléon. Le mandat conçu en
termes généraux n'embrasse que les actes d'administration;
s'il s'agit d'aliéner ou hypothéquer, ou de quelque autre
acte de propriété, le mandat doit être exprès.

195. Je dois néanmoins une observation spéciale pour
une question fort intéressante et qui préoccupait vivement
tous nos anciens jurisconsultes. Le grevé d'une substitution permise a-t-il qualité pour transiger ?

Sans aucun doute, si le substitué décède avant lui, parce
que, dans ce cas, la substitution est caduque. Mais supposons qu'il n'en est pas ainsi : le substitué pourra-t-il refuser d'exécuter ou de se tenir lié par la transaction ?

Après avoir établi en principe que le grevé ne peut ni
transiger, ni faire aucun acte d'aliénation, le savant jurisconsulte Ricard ajoute : « Si, toutefois, la transaction est
« faite par l'héritier sur une prétention incertaine et pour
« éviter les frais d'un grand procès, comme pendant sa
« possession il a la direction et l'administration des droits
« héréditaires, le juge, en faisant droit sur les plaintes du
« fidéicommissaire, doit y procéder avec prudence, et en
« examinant la forme et le fond, voir si la transaction est
« fondée dans le principal, et si l'héritier n'a rien fait que
« le fidéicommissaire n'eût fait ou dû faire. » (Ricard *
Traité des Substitutions, 2e partie, chap. XIII, no 90.)

L'article 53 de l'ordonnance de 1747 soumit les transactions à l'homologation du Parlement, sous peine de n'avoir
aucun effet contre les substitués.

Dans l'état actuel de notre jurisprudence, je pense que,
le substitué étant totalement étranger à la transaction et,
ne tenant pas ses droits du grevé, mais indubitablement
du substituant, la transaction, consentie par le grevé,

n'aura aucune valeur à son égard ; cette solution peut conduire à des résultats fort regrettables , mais elle est conforme à la logique du droit, et nous pouvons blâmer la loi, mais non la changer.

CHAPITRE V.

DES EFFETS DE LA TRANSACTION.

196. J'aborde immédiatement et de front la question la plus grave de tout ce chapitre; je veux parler de l'article 2052 du Code Napoléon. Je dois agir ainsi ; car, s'il faut admettre avec ce texte que les transactions ont, entre les parties, l'autorité de la chose jugée en dernier ressort, à quoi bon rechercher les effets de ces transactions ? Il suffira d'énoncer qu'elles produisent les effets des jugements, et tout sera dit.

Si, au contraire, j'arrive à prouver, comme je l'espère fermement, que l'article 2052 est un non-sens, peut-être plus encore, le problème restera tout entier, et nous devrons alors chercher à le résoudre.

197. Je ne conteste pas que comparer la transaction à la chose jugée ne soit un rapprochement assez heureux pour en bien faire saisir le caractère intime; je conviens avoir écrit (n° 7) que, dans la transaction, les deux adversaires *se jugeaient eux-mêmes ;* mais il faut bien se garder de tirer de cette expression des conséquences juridiques qui sont loin d'en découler nécessairement. Seulement, c'est là une pensée qui a, de tout temps, frappé l'esprit des jurisconsultes, et les a entrainés dans une assimilation parfaite-

ment anti-juridique. *La transaction a un caractère plus sacré que le jugement,* disait Tronchet au premier consul ; c'est là le dernier mot de cette doctrine, et malgré l'exactitude qu'il peut avoir ;sous un certain rapport et la célébrité qu'il a acquise, je ne l'accepte qu'avec la plus grande réserve.

198. Qu'est-ce donc au juste que l'autorité de la chose jugée ? « Elle fait présumer, disait Pothier, vrai et équi-
« table ce qui est contenu dans le jugement, et cette pré-
« somption, étant *juris et de jure,* exclut toute preuve du
« contraire : *Res judicata pro veritate habetur.* »

Ainsi, peu importe que les juges se soient trompés dans l'appréciation du litige qui leur a été soumis ; leur décision est souveraine, absolue, et les parties sont obligées de s'y conformer. Si l'on a voulu dire, dans l'article 2052, que la transaction produisait le même résultat, en ce sens que elle aussi, elle fait la loi des parties, à quoi bon exprimer cette vérité, écrite déjà dans des termes beaucoup plus clairs et surtout plus exacts, dans l'article 1134 du Code civil ? Nous ne devons pas supposer une pareille faute de la part des rédacteurs de notre Code. Cherchons donc à notre texte une explication plus pratique et plus utile.

199. L'article 2052 a-t-il entendu conférer aux transactions la même force exécutoire qu'aux jugements ?

Non, assurément ; il serait facile de trouver telle et telle circonstance, dans laquelle un jugement pourra être opposé à des tiers ; je me contenterai de citer le cas où ceux-ci sont obligés de faire une tierce-opposition. Quand cette mesure sera-t-elle obligatoire à l'égard d'une transaction ?

Jamais un tiers ne pourra être lié par un acte, par une

convention qui est *res inter alios acta;* l'article 2051 le dit formellement.

200. A-t-on voulu dire que la transaction était aussi inattaquable et inviolable que le jugement, et que les voies de recours permises pour l'un pourraient seules être employées contre l'autre? Mais cette idée est complétement fausse! Le jugement définitif peut être attaqué par le recours en cassation, par la requête civile. Qui oserait en dire autant de la transaction?

Le recours en cassation? Mais cette juridiction suprême ne peut casser que les sentences rendues en violation de la loi ; et l'article 2052, après avoir posé la fameuse règle dont nous cherchons l'application, s'empresse de nous dire que les transactions ne peuvent être attaquées pour cause d'erreur de droit ! Et puis, qui ignore que tel jugement, contenant plusieurs dispositions, peut très-bien être cassé pour partie et maintenu dans une certaine étendue de son dispositif? Nous avons vu, au contraire, que la transaction est, de sa nature, indivisible, et que sauf convention expresse des parties, toutes les dispositions qui la composent forment un tout indissoluble (n° 94).

La requête civile? Il est impossible, en lisant dans l'article 480 du Code de procédure civile l'énumération des cas dans lequel ce mode de recours peut être employé contre les jugements, de trouver une seule hypothèse applicable à la transaction.

Bien plus, tandis que la loi ne permet d'attaquer par la requête civile un jugement, lorsqu'après qu'il a été rendu on a découvert des pièces décisives, que dans le seul et unique cas où ces pièces avaient été retenues par le fait de la partie, fort au contraire, il existe certaines circonstances dans lesquelles une transaction peut être annulée par le

seul fait de la découverte de pièces établissant que l'une
des parties n'avait aucun droit. Il suffit pour s'en convaincre
de lire l'article 2057, 2° paragraphe, du Code Napoléon.

Ce n'est donc pas encore de ce chef que l'on pourra justifier l'assimilation de la transaction avec la chose jugée.
Car il est facile de voir qu'au point de vue que je viens de
traiter, la transaction est plus puissante et plus sacrée que
le jugement, puisqu'elle ne peut être attaquée par aucun
des moyens admis pour celui-ci. C'est probablement cette
pensée qui inspirait à Tronchet la parole que j'ai citée,
en commençant cette théorie.

201. On a essayé alors une explication fort ingénieuse de
l'article 2052. Il faut se rappeler que nous avons établi
(n° 80) que la transaction est un contrat déclaratif et non
translatif de propriété. Or, a-t-on dit, ce caractère essentiel
est tout spécial au contrat de transaction, et, comme il a
cela de commun avec le jugement, il était bon de l'énoncer,
pour qu'aucun doute ne restât à cet égard. Le jugement,
en effet, ne crée pas le droit, il le déclare simplement.

Je réponds que l'art. 2025 est parfaitement inutile pour
démontrer que la transaction n'est que déclarative de propriété ; et j'ai fait cette preuve dans mon n° 80, sans me servir dudit article.

Je dois ajouter que ce système met, de plus en plus, en
lumière les différences profondes qui séparent le jugement
de la transaction. Car le jugement ne concilie pas les adversaires ; il tranche le litige d'une manière absolue, en
disant à l'un : le droit est tout entier de votre côté, vos prétentions ou vos exceptions sont justifiées dans toute leur
étendue, je vous donne entièrement gain de cause. La transaction ne peut au contraire s'opérer par une satisfaction
entière, accordée à l'une ou l'autre des parties. Il est de son

essence, ne l'oublions pas, qu'elle contienne des concessions réciproques.

202. Enfin on fait le raisonnement suivant : La transaction n'a d'effet qu'à l'égard des parties et de leurs ayants-cause ; elle n'a lieu que sur les choses qui en font l'objet ; il faut que l'objet, la cause et les parties soient les mêmes, dans l'acte transactionnel, que dans le nouveau procès, pour que celui-ci ne puisse être accueilli par la justice. Or ce sont là précisément les conditions imposées par l'article 1351, pour constituer l'exception de la chose jugée ; donc l'assimilation est complète, et le législateur de 1804 a eu raison de la faire ressortir.

J'admets très-volontiers les prémisses, je repousse la conclusion. Assurément, si le texte de l'article 1351, reproduisait une règle applicable à certains contrats ou quasi-contrats et inapplicable à d'autres, je comprendrais ces excès de précaution. Mais il est certain que ce sont là des principes qui gouvernent toutes les conventions, de quelque nature qu'elles soient. Quelle utilité, dès lors, y a-t-il à les imprimer dans les termes ambigus et dangereux, comme le fait l'art. 2052 du Code Napoléon ?

203. Que conclure de tout ceci ? C'est qu'il faut bien se garder de prendre au sérieux ce texte, fruit d'une inspiration malheureuse et peu juridique. On pourrait se laisser entraîner à faire entre le jugement et la transaction une confusion regrettable, parce qu'on pourrait être amené à attribuer à l'un des effets qui appartiennent exclusivement à l'autre. Je le répète ; il y a du vrai dans cette assimilation; mais il ne faut pas accepter les théories inexactes, auxquelles pourrait servir de point de départ ce que je serais presque tenter d'appeler une pure figure de langage.

204. Quel sera donc l'effet des transactions ?

Il faut répondre d'une manière générale qu'elles auront l'effet que produisent tous les contrats. Les conventions légalement formées tiennent lieu de loi à ceux qui les ont faites, dit l'article 1134 du Code civil. Or quel est le but principal, générateur, constitutif de la transaction ? Nous l'avons dit en commençant : éteindre les procès, empêcher la discorde de jeter le trouble et la désunion dans l'état social, et donner aux citoyens un moyen facile, sûr et équitable de régler leurs différends, sans être obligés de les porter devant la justice. La haine des procès et l'ardent désir de les éviter à tout prix, voilà donc le fondement de la transaction. N'en résulte-t-il pas l'impérieuse nécessité de ne pas laisser les partis soulever de nouveau les difficultés qu'elles ont tranchées à l'amiable ?

Ne pas réprimer les tentatives qu'elles pourraient faire à cet égard, ne serait-ce pas les laisser violer impunément les dispositions de ce contrat, qu'elles ont appelé une *transaction*, et que l'art. 1134 appelle une *loi ?*

Voilà le vrai motif qui donne à ces sortes de conventions ce que l'on a appelé l'autorité de la chose jugée, il ne fallait pas qu'un acte destiné à éteindre un litige fût lui-même une porte ouverte à tous les procès les plus compliqués.

205. Mais les termes mêmes de la transaction peuvent être parfois difficiles à interpréter et soulever des doutes sérieux. La justice sera alors appelée à statuer. Ce résultat, tout regrettable qu'il puisse être, est, il faut bien le reconnaître, inévitable : quelles règles d'interprétation faudra-t-il suivre dans ce cas ?

J'en indiquerai deux : premièrement, donner toujours à la transaction un sens plutôt restrictif que large ; secondement, respecter son indivisibilité.

8

206. Je dis d'abord que la transaction doit être interprétée d'une manière restrictive. Elle est en effet un contrat *strictissimi juris ;* quelque favorable que soit ce contrat, il deviendrait une arme profondément dangereuse, si l'on pouvait, en l'interprétant, rechercher, plutôt ce que les contractants ont dû vouloir, que ce qu'ils ont réellement voulu; et c'est avec sagesse qu'Ulpien disait : *transactio quœ cumque fit, de his tantum, de quibus inter convenientes placuit, inter posita creditur.* (L. 9, § 1, au Dig., *de Transact.*. —Comp. nº 210.)

207. J'ajoute que les magistrats ne peuvent annuler une transaction pour partie seulement : nulle sur un de ses chefs, elle doit tomber pour le tout. Je ne me dissimule pas que cette solution est contraire à deux arrêts de la Cour de cassation. L'un d'eux surtout du 9 février 1830 est très-formel (Sirey, 31, 1, 339); je n'en persiste pas moins à repousser une doctrine contraire au véritable esprit de la loi et inspirée très-probablement par l'idée qu'une transaction doit être traitée comme un jugement, nouvelle preuve des dangers de cette comparaison ! Contre l'autorité de la Cour suprême, j'invoquerai un arrêt parfaitement motivé de la Cour de Caen, en date du 14 mars 1844 :

« Considérant, dit avec une haute raison cet arrêt, que
« toutes les clauses d'une transaction sont censées faites à
« titre de réciprocité et par corrélation les unes aux
« autres; et qu'il n'en est pas des transactions comme des
« jugements; que lorsqu'un jugement statue sur plusieurs
« chefs, il se compose d'autant de décisions qu'il renferme
« de chefs résolus, parce que le juge doit statuer sur chaque
« chef en particulier, d'après les règles du droit sans que
« sa décision puisse être modifiée par la considération de
« ce qu'il décidera sur les autres chefs, tandis que, dans la

« transaction, les parties jouissant de plein pouvoir de com-
« position par rapport à leurs intérêts sont toujours cen-
« sées n'avoir concédé qu'à raison de ce qu'elles ont
« reçu..... » (Sirey, 1844, 2, 449.)

Je crois que la Cour de Caen a touché du doigt le véritable motif juridique qui doit faire prononcer l'indivisibilité de la transaction. Dans ce contrat (comparer avec notre
n° 94), la réciprocité des concessions établit une corrélation, une liaison intime, une sorte de balance entre les
diverses clauses de l'acte. Enlever quelque chose, c'est
rompre l'équilibre ! Comment pourrait-on en dire autant
des jugements ?

208. Une question a soulevé de très-vives controverses.
La Cour de cassation est-elle compétente pour statuer sur
l'interprétation des transactions ? Peut-elle casser un arrêt
qui viole, à ses yeux, les dispositions contenues dans cet
acte, qui fait la loi des parties ?

La Cour de cassation, chambre civile, s'est longtemps reconnue ce droit, malgré la jurisprudence, généralement
contraire de la chambre des requêtes ; on peut citer plusieurs arrêts, notamment dans Sirey, 1835, 1, 105 ; — 1836,
1, 926 ; collect. nouv., t. 1, 1, 425.

Je ne puis me ranger à cette opinion, qui a pour résultat
évident de soumettre l'interprétation d'une transaction à
une troisième juridiction. Les Cours impériales sont inves-
ties à cet égard d'un pouvoir souverain d'appréciation :
elles jugent en dernier ressort. Comment soutenir que rechercher la pensée et la volonté des contractants dans les
termes plus ou moins obscurs ou amphibologiques de leur
contrat, puisse être la mission de la Cour régulatrice ?

Le fondement de l'argumentation de nos adversaires est
dans cette autorité de la chose jugée, qu'ils veulent donner

au contrat de transaction; nous savons à quel point cette idée est inexacte; si la transaction a certains effets qui lui sont particuliers et qui la rapproche du jugement, elle n'en est pas moins soumise aux règles d'interprétation qui régissent tous les contrats.

La jurisprudence semble s'être enfin rangée à cette opinion, après une vive et longue résistance. Trois arrêts assez récents en font foi; ils sont collationnés dans Sirey 1857, 1, 694; 1860, 1, 449 et 848.

Le premier décide même, et avec raison selon nous, que l'homologation de la transaction, obtenue en justice, n'est que l'approbation, de la part de l'autorité compétente, des conditions qu'elle contient, en sorte que cette transaction, après son homologation, continue à conserver son caractère de contrat civil ordinaire, dont l'interprétation appartient souverainement au juge du fond, comme celle des autres contrats; l'homologation n'ayant nullement pour résultat de convertir la transaction en une décision judiciaire.

La chambre civile de la Cour de cassation s'est enfin elle-même ralliée à cette doctrine, dans un arrêt du 8 mai 1861. (Sirey, 1861, 1, 716.)

209. Ainsi nous devrons suivre les règles d'interprétation ordinaires pour tous les contrats. En les comprenant bien, les articles 2048 et 2049 du Code Napoléon ne sont pas autre chose que la reproduction et le développement de l'article 1163 du même Code, ainsi conçu : « Quelque « généraux que soient les termes dans lesquels une con- « vention est conçue, elle ne comprend que les choses sur « lesquelles il paraît que les parties se sont proposé de « contracter. » (Sirey, 1833, 1, 237 ; ibid., 1865, 2, 47 et 264.) Cette règle étant le principe général à toutes les conventions, je n'entrerai dans aucun développement ; je renvoie naturellement au droit commun.

210. L'effet principal de la transaction est d'anéantir un litige né ou à naître ; je l'ai démontré. La conséquence immédiate de ce principe, c'est qu'elle efface radicalement les nullités qui viciaient les actes sur lesquels elle peut intervenir, ou que, de simplement annulables qu'ils étaient, elle les déclare complétement nuls. C'est une véritable ratification, dans le premier cas, qui intervient ; et, dans le second, une renonciation. Nous trouvons encore là une preuve de plus que les transactions doivent être interprétées dans un sens restrictif ; car il résulte de la combinaison des articles 1338 et 1340, que la ratification et la renonciation à un droit ne se présument point (Sirey, 1857, 1, 824).

Or, que l'on suppose un droit litigieux quelconque ; ainsi, je prétends que vous me devez dix mille francs, et je vous poursuis en justice pour en obtenir le paiement. Je ne suis pas certain de gagner mon procès, parce que le titre sur lequel je me fonde est entaché d'un vice qui peut entraîner son annulation. Nous transigeons, en convenant que vous me paierez moitié de la somme : à mon égard, le titre primitif est ratifié jusqu'à concurrence de cinq mille francs ; vis-à-vis de vous, il est nul pour le surplus. L'exécution volontaire de cette transaction vous ôte toute possibilité d'invoquer dans l'avenir la cause de nullité, qui viciait, dans le principe, le titre, sur lequel je fondais mes prétentions. J'avais donc raison de dire que la transaction efface les nullités de l'acte sur lequel elle intervient.

211. Une transaction, faite par une personne au sujet d'un droit qu'elle a fait valoir de son propre chef, ne peut, ni être invoquée par elle, ni lui être opposée, lorsque plus tard elle exerce ce droit comme successeur d'une autre personne.

Cette règle, que je viens de formuler, n'est que l'application des principes que nous connaissons déjà; et c'est ici que nous trouvons à la transaction le plus d'affinité avec la chose jugée.

En effet, pour pouvoir invoquer l'une comme l'autre, il faut que la chose demandée soit la même, que la demande soit fondée sur la même cause, faite entre les mêmes parties, et formée par elles et contre elles en la même qualité. Mais là s'arrête l'analogie, et le législateur l'a, malgré lui, si bien compris, qu'au lieu de renvoyer simplement par son article 2052 à l'article 1351 du Code civil, il a jugé nécessaire de reproduire littéralement, et d'une manière spéciale pour les transactions, la règle que je viens d'indiquer.

Tel est le but de l'article 2050, dont voici les termes : « Si celui qui avait transigé sur un droit qu'il avait de « son chef, acquiert ensuite un droit semblable du chef « d'une autre personne, il n'est point, quant au droit nou-« vellement acquis, lié par la transaction antérieure. »

Cette règle de droit découle du principe que les transactions, comme tous les contrats, n'ont d'effet qu'entre les parties contractantes ; or, quand, par exemple, j'ai transigé avec vous sur un droit, qui était indivis entre mon frère et moi, et que, plus tard, je viens à hériter de ce frère, qui était resté étranger à l'acte, comment pourriez-vous prétendre que je suis irrecevable à exercer le même droit, auquel j'ai renoncé par transaction ? Ce n'est pas de mon propre chef, mais comme successeur de mon frère que je prétends faire valoir ce droit, et, à ce titre, je suis bien fondé dans mes prétentions, puisque je représente un tiers, et que les transactions ne sont pas opposables aux tiers.

212. Ce même principe a servi de base à l'art. 2051, qui

porte que « la transaction faite par l'un des intéressés ne
« lie point les autres intéressés et ne peut être opposée par
« eux. »

L'instant est arrivé de préciser la portée de cette règle,
et de se demander si elle ne comporte pas quelques exceptions.

Nous avons déjà décidé (n° 195) qu'en matière de substitution, le substitué étant totalement étranger à la transaction
intervenue entre le grevé et un tiers, puisqu'il ne tient
ses droits que du substituant, ne pouvait être astreint à
respecter et à exécuter cette transaction.

Nous adopterons la même solution, en présence de plusieurs légataires, dont l'un a seul transigé sur la validité
du testament. Evidemment, cet acte ne pourra être invoqué,
ni contre ses colégataires, ni en leur faveur.

Supposera-t-on une obligation simplement conjointe ? Il
faudra décider, de même, que la transaction, qui pourra
intervenir sur les difficultés que son exécution ou son interprétation peuvent soulever, n'aura d'effet qu'à l'égard de
ceux des costipulants ou des copromettants qui l'auront
personnellement consentie.

213. Mais la question devient plus délicate, si nous
mettons en présence plusieurs débiteurs solidaires dont
l'un a transigé sur la dette sur laquelle repose la solidarité.

Dégageons immédiatement les hypothèses où le débiteur
en transigeant, n'a engagé que lui-même, à l'exclusion des
autres ; ainsi, n'a-t-il expressément transigé que sur sa
part? il reste personnellement tenu de la part de ceux de
ses codébiteurs qui deviendraient insolvables, et ceux-ci
sont dégagés de leur solidarité, quant à la part du transigeant, puisqu'autrement ils auraient contre lui un recours

qui rendrait la transaction inutile. Ainsi encore, un des débiteurs transige avec le créancier, sur une exception qui lui est purement personnelle, ou sur la solidarité elle-même ; il faut toujours décider que cet acte, passé en dehors d'eux, peut bien leur profiter, mais non leur être à charge.

Mais suppose-t-on que l'un des codébiteurs solidaires a transigé sur une exception commune à tous, ou encore sur l'existence même de la dette ? Rappelons-nous les règles admises en matière de solidarité ; la loi admet une sorte de mandat tacite, unissant tous les codébiteurs solidaires dans un même intérêt ; elle suppose que l'acte, fait par l'un d'eux, est le résultat d'une procuration de tous les autres ; et cela semble assez rationnel ; solidaires pour le paiement, ne doivent-ils pas l'être, pour tout ce qui conduit à la libération ? « La remise ou décharge conventionnelle, « au profit de l'un des codébiteurs solidaires, dit l'ar- « ticle 1285 du Code civil, libère tous les autres, à moins « que le créancier n'ait expressément réservé ses droits « contre ces derniers. » Donc, les codébiteurs, étrangers à la transaction, peuvent, s'ils la jugent avantageuse, l'invoquer contre leur créancier ; et c'est là une notable expression à notre principe qu'un tel acte ne peut être invoqué ni contre des tiers, ni par eux-mêmes.

214. Si, au lieu d'une dette solidaire, on suppose une dette indivisible, comme chaque créancier n'a pas droit à la totalité de la chose, et que chaque débiteur n'est pas tenu de la livrer tout entière à chacun des créanciers, il faut décider, d'une part, que les créanciers ne peuvent exiger la chose, que déduction faite de la part de celui avec lequel ils ont transigé. Ici, en effet, l'idée de mandat n'est plus admissible, et c'est pour ce motif que la solution est différente.

215. Je n'insiste pas sur tous ces exemples et sur beaucoup d'autres qui pourraient être cités, parce que les transactions produisent, il est facile de l'apercevoir, exactement
le même effet que tous les contrats et les articles 2048,
2049, 2050 et 2051 ne sont, en définitive, que l'application
des règles générales du titre des obligations, sur l'effet des
contrats et des diverses formes ou modalités sous lesquelles
ils peuvent se produire.

Il me reste à donner quelques explications spécialement
sur deux questions que j'ai réservées : je veux parler de la
garantie et des effets de la clause pénale.

§ I.

DE LA GARANTIE.

216. Il est indispensable, pour arriver à la solution que
nous cherchons, à savoir si la transaction donne lieu à
garantie, de se rappeler la théorie que nous avons adoptée,
au nº 80 de ce travail. Toute la question se résume, en
effet, en ce point : la transaction est-elle translative ou
déclarative de propriété ?

Si la transaction est translative de propriété, la question
peut être délicate ; je vous cède un droit quelconque, et,
moyennant cette concession, vous me reconnaissez tel ou
tel autre droit : assurément, le seul motif qui nous a engagé
l'un et l'autre à nous accorder ces mutuels avantages, a été
la certitude où nous étions de part et d'autre, de retrouver
dans ce que nous gagnions l'équivalent de ce que nous
perdions. Dès lors, l'équité veut que nous nous garan-
tissions réciproquement les droits que nous nous sommes
transférés l'un à l'autre.

Si, au contraire, la transaction est déclarative de pro-

priété, comment se figurer qu'il puisse être question de
garantie? On ne peut garantir qu'un droit qu'on a possédé
et qu'on a cédé à un autre : or là où il n'y a point de
translation de droit, il ne peut y avoir lieu à garantie.

217. Ces principes posés, notre solution se commande
d'elle-même. Je l'ai déjà fait pressentir et annoncée au
nº 96. Puisque j'ai adopté cette théorie, que la transaction,
en règle générale, était purement déclarative de propriété,
il en résulte que je ne puis admettre la garantie en cette
matière.

Les deux adversaires qui se trouvent en présence, avec
des intérêts opposés, des prétentions inconciliables, des
droits incompatibles, ont assez de bon sens et de raison,
pour convenir que leurs demandes sont exagérées, et, se
jugeant eux-mêmes, pour faire à l'amiable une déclaration
précise de leurs droits respectifs, ils se disent : je reconnais que cette chose est à vous, comme vous reconnaissez
vous-même que cette autre est bien légitimement à moi.

Où peut-on puiser, dans cet acte, un prétexte à garantie?
Et comment concevoir que je puisse être obligé de vous
garantir la propriété d'un droit, que nous reconnaissons
l'un et l'autre n'avoir jamais été mien, mais, au contraire,
vous avoir toujours appartenu?

218. Voilà la règle ; mais je reconnais qu'il y a un cas,
dans lequel, au lieu d'être purement déclarative, la transaction devient translative de propriété. C'est lorsque je
vous donne une chose qui ne fait pas l'objet même de la
transaction, quoiqu'elle en soit une condition. Je m'explique
par un exemple.

Pierre et Paul sont en procès sur la propriété d'un immeuble valant 50,000 fr. — Les droits de l'un et de l'autre

sont douteux, et une transaction semble un moyen avantageux de mettre fin aux ennuis et aux frais de cette contestation. Alors Pierre dit à Paul : abandonnez-moi de bon gré la pleine et entière propriété de cet immeuble; pour vous dédommager de ce sacrifice, je vous cède ma maison que je possède dans telle ville. Paul y consent, et la transaction s'exécute dans ces termes.

Oh ! assurément, la transaction n'est bien que déclarative de propriété, par rapport à cet immeuble de 50,000 fr., qui en est l'objet ; mais elle est, on ne peut pas le nier, translative de propriété, quant à la maison ; la propriété, qui résidait tout entière et sans litige sur la tête de Pierre, a passé sur celle de Paul; il est incontestable qu'il y a eu un véritable transfert d'opéré ; et, comme Paul n'a consenti, sans aucun doute, à renoncer à ses droits sur l'immeuble en litige que par cette unique considération qu'il allait ainsi devenir propriétaire de la maison, il s'ensuit que, s'il vient, dans la suite, à en être dépossédé, il aura un recours en garantie contre son cédant.

C'est le seul cas dans lequel j'admette la garantie en matière de transaction.

§ II.

DE LA CLAUSE PÉNALE.

219. L'article 2047 du Code civil permet aux parties d'ajouter à une transaction la stipulation d'une peine, contre celui qui manquera de l'exécuter. C'est ce que l'on appelle, dans le langage du droit, la clause pénale (voir sur sa légitimité le n° 98). La question de savoir quels effets elle produit a soulevé une très ardente controverse.

On s'est demandé, quand l'une des parties a encouru la

clause pénale, si son adversaire peut cumuler et la clause pénale et l'exécution de la transaction, ou bien, au contraire, s'il n'a que le choix entre ces deux moyens qui sont à sa disposition.

220. Les uns ont prétendu que la clause pénale n'était pas autre chose que la fixation, par les parties elles-mêmes, des dommages-intérêts encourus par l'inexécution de la transaction, et que, par conséquent, la demande de l'une emportait renonciation à l'autre. Ce système s'appuie sur l'article 1229 du Code civil, ainsi conçu : « La clause pénale « est la compensation des dommages et intérêts que le « créancier souffre de l'inexécution de l'obligation princi- « pale; il ne peut demander en même temps le principal « et la peine, à moins qu'elle n'ait été stipulée pour le « simple retard. »

221. D'autres ont répondu, et avec raison, je pense, que la clause pénale, appliquée à la transaction, est d'une nature toute spéciale, et doit être mise en dehors des règles du droit commun.

Assurément, si elle n'a pour but que d'assurer la complète exécution de telle ou telle clause de l'acte transactionnel, nous devrons observer et appliquer l'article 1229. Dans ce cas, elle n'intervient que dans les conditions ordinaires, sous lesquelles nous la rencontrons à l'appui de tous les contrats.

Mais tel n'est pas le rôle qu'elle remplit la plupart du temps dans le contrat particulier de transaction. Basée, je ne saurais trop le répéter, sur la volonté réciproque des deux adversaires de terminer leur différend, et surtout de détruire tous les germes de dissensions futures, cette convention mérite, plus que toute autre, d'être scrupuleusement exécutée.

Aussi arrive-t-il très-fréquemment que les parties établissent une clause pénale, avec cette pensée qu'elle est destinée à empêcher toute tentative nouvelle, ayant pour but de remettre en litige les droits sur lesquels elles ont transigé. Nous avons prudemment concilié nos intérêts, se disent-elles; afin d'avoir une garantie efficace de ne jamais voir ressusciter ces regrettables hostilités, nous convenons que la première tentative qui sera faite sera immédiatement réprimée par le paiement de la clause pénale. Voilà le caractère vrai de cette stipulation. Comment pourrait-on prétendre, dans cette hypothèse, qu'une fois la clause pénale exigée et payée, on ne soit pas encore en droit d'exiger l'exécution de la transaction?

222. Mais je n'irais pas jusqu'à soutenir, comme on l'a fait, que la clause pénale sera toujours due, lorsque l'un des contractants aura attaqué la transaction, par cela seul qu'il a soulevé une difficulté à son sujet.

Toutes les fois qu'il aura échoué dans ses tentatives, je l'accorde, oui, la clause pénale sera encourue.

Mais que l'on suppose que la transaction contienne un vice radical, et que l'une des parties, l'attaquant devant la justice, en fasse prononcer la nullité : est-ce qu'on oserait élever la prétention de faire survivre la clause pénale à l'obligation principale, au contrat dont elle n'est que l'accessoire? L'axiome romain : *accessorium sequitur principale* est une règle de droit trop incontestable pour qu'il soit permis d'aller à l'encontre, et je pense avec conviction que, non-seulement, dans ce cas, la peine stipulée ne sera pas exigible, mais encore, comme conclusion de toute cette théorie, que la justice ne devra jamais condamner l'une des parties à payer la clause pénale avant qu'il n'ait été jugé au fond si la demande intentée contre la transaction était bien ou mal fondée.

Il faut éviter, autant que possible, de donner lieu à des demandes en restitution ; ces sortes d'actions sont dangereuses, et les magistrats ne doivent mettre une partie dans la fausse position d'avoir à en exercer, que lorsqu'ils y sont positivement contraints par un texte de loi formel et impératif. Où le trouverait-on, dans l'espèce ?

CHAPITRE VI.

DE LA NULLITÉ ET DE LA RESCISION DES TRANSACTIONS.

223. La matière que nous abordons présente de très-sérieuses difficultés, tous les jurisconsultes qui l'ont spécialement étudiée, ne craignent pas d'avouer la gravité et la délicatesse des questions qui y sont soulevées, et je crois que c'est à cette partie surtout de notre travail, qu'il faut appliquer ce mot de nos anciens auteurs, sur le contrat de transaction : *hæc materia difficillima et speculativa est*. Ce jugement a été confirmé par tous nos juristes modernes, à l'exception de M. Troplong, qui nous permettra de ne pas nous ranger de son opinion.

L'obscurité et les complications qui environnent ce sujet résultent principalement, à mon avis, de deux causes : il faut considérer d'abord combien il est grave de détruire, ou même de proclamer n'avoir jamais existé, ce que les parties avaient déclaré être l'œuvre de leur volonté ; d'anéantir un contrat auquel le Code Napoléon donne une force exécutoire, et qu'il élève à la hauteur et à l'autorité d'une loi (art. 1134).

Il est difficile, en second lieu, de ne pas avouer que notre Code, et avec lui la plupart de ses commentateurs, a le très-grand défaut de n'être pas assez précis, et d'employer trop indifféremment les deux termes *rescision* et *nullité* l'un pour l'autre, quoiqu'ils soient bien éloignés d'être synonymes.

Quel est donc, en droit, leur signification exacte?

224. Dans notre ancien droit français, le rôle de ces deux actions, en nullité et en rescision, était parfaitement défini et distinct.

L'action en nullité avait pour but de faire prononcer par justice qu'une obligation était contraire aux lois ou aux coutumes; qu'elle avait été contractée en violation du droit, et devait, en conséquence, être traitée comme non avenue. Toute personne y ayant un intérêt direct, pouvait intenter cette action devant les tribunaux.

L'action en rescision, qui n'était autre, en réalité, que l'ancienne *restitutio in integrum* des Romains, était employée pour obtenir la rétractation d'une obligation, dans laquelle on ne pouvait, à la vérité, trouver aucune violation du droit, mais qui pourtant était affectée, dans son existence même, d'un vice assez grave, pour que l'équité fût blessée de son exécution. L'analogie de cette action avec l'action prétorienne, que je viens de citer, était complétée par la nécessité où se trouvait le plaideur d'obtenir, au préalable, une autorisation, délivrée au nom du roi par les chancelleries établies près les parlements. L'action en rescision s'accordait en cas de violence, de dol, d'erreur ou de lésion.

225. Cette distinction très-juridique n'existe plus dans notre droit actuel. Je le répète, partout le Code se sert indifféremment des termes *nullité* et *rescision*, et il en résulte souvent une confusion regrettable. Cependant, il est à remarquer que, par exception, jamais il n'emploie l'expression *nullité*, quand il traite de la lésion. Faut-il en conclure que l'action en rescision a pour base principale la lésion ?

Malgré la divergence sur ce point de doctrine, de beaucoup d'excellents auteurs, je serais assez tenté de le penser; c'est la théorie de MM. Aubry et Rau, dans leur savant et logique commentaire sur Zachariæ (§ 332 et 333), et je crois que c'est la meilleure; j'y adhère donc volontiers.

226. Ceci posé, il est facile de résoudre une des parties de notre problème : y a-t-il des actions en rescision des transactions, à proprement parler ?

La négative résulte clairement de la seconde partie de l'article 2052 : « elles (les transactions) ne peuvent être atta- « quées pour cause d'erreur de droit, *ni pour cause de* « *lésion.* »

227. Cependant, malgré la formule très-impérative de ce texte, on peut imaginer une hypothèse, dans laquelle une transaction pourra, à n'en pas douter, être rescindée pour cause de lésion.

Je suppose qu'une transaction intervienne entre deux cohéritiers, dans le but de terminer les contestations qui les divisent sur l'héritage commun. La transaction contient partage, mais elle n'est pas, comme le prévoit la première phrase de l'article 888 du Code civil, un simple prête-nom servant à déguiser l'opération du partage. Le contrat de transaction est, intrinsèquement, réel, sérieux, tranchant des droits litigieux ; mais il fait aussi cesser l'indivision.

Dans ce cas, je pense qu'il devra, à ce dernier point de vue, être rescindé, s'il contenait, à l'égard de l'un des cohéritiers, une lésion de plus du quart, dans le partage qu'il fait de la succession. Il est impossible, en effet, de déroger, par une convention particulière, à la prescription formelle de l'article 887 du Code civil.

C'est, du reste, ce qui a été jugé par deux arrêts de la Cour de cassation, du 12 août 1829 et du 16 février 1842 (Sirey, collect. nouv., t. 9, 1, 353 ; ibid., 1842, 1, 337).

Il est bien entendu que la transaction, intervenant après le partage ou l'acte qui en tient lieu, sur les difficultés réelles que pourrait présenter ce premier acte contenant partage, ne serait jamais soumise elle-même à l'action en rescision ; la seconde partie de l'article 888 le déclare d'une manière formelle.

228. Enfin, j'ajoute que, si la loi ne permet pas de se plaindre de la lésion, en matière de transactions, elle a pris, du reste, toutes les précautions pour que cette lésion se produise le plus rarement possible.

C'est ainsi qu'il peut arriver fréquemment que les parties commettent une erreur de calcul, qui ne peut évidemment être préméditée, ni exister dans leur pensée ; ces sortes d'inexactitudes, toutes involontaires, ne doivent pas vicier l'acte qui les contient : aussi l'article 2058 de notre Code a-t-il soin de dire que l'erreur dans une transaction doit être réparée.

Je n'ai pas d'autre observation à présenter sur la rescision des transactions ; à vrai dire, elle n'existe réellement pas. Nos recherches se trouvent ainsi circonscrites aux cas de nullité du contrat que nous étudions.

229. Une convention quelconque peut-être atteinte de deux sortes de vices que je pourrais appeler rédhibitoires, et qui peuvent entraîner pour elle un anéantissement soit absolu, soit relatif.

Elle peut être rendue radicalement nulle.

Elle peut n'être que simplement annulable.

La transaction est soumise à ce principe de droit commun. Elle est nulle, lorsqu'elle est affectée d'un vice tellement absolu, ou lorsqu'il manque à sa formation ✱ des caractères essentiels, si impérieusement exigés pour sa constitution, qu'on peut vraiment dire et sans exagération de langage qu'elle n'existe point. On a bien formé un semblant de quelque chose; c'est, qu'on nous pardonne la comparaison, un enfant qui n'est pas né viable ; en un mot, c'est le néant ; nulle ratification ne saurait donc l'atteindre.

La transaction est annulable, quand, réunissant d'ailleurs toutes les conditions indispensables à son existence, elle renferme en soi une imperfection, de nature à permettre à des gens sensés de se demander si les contractants ont bien agi en parfaite connaissance de cause et avec une complète liberté d'action. Dans certains cas spécifiés par la loi et rentrant dans cet ordre d'idées, la justice, saisie d'un pouvoir souverain d'appréciation, *peut* annuler la transaction, elle *doit* nécessairement la proclamer nulle et non existante dès le principe de sa prétendue formation, lorsqu'au lieu d'être purement annulable, elle est nulle de plein droit.

Dans quelles circonstances une transaction sera-t-elle nulle? Quand sera-t-elle annulable?

230. Notre titre des transactions n'a pas prévu les hypothèses dans lesquelles une transaction sera radicalement nulle. Cette omission s'explique par ce motif que ce contrat n'a, par lui-même, aucune cause spéciale de nullité absolue. Il est donc soumis aux règles des obligations en général.

Je me contenterai, par conséquent, d'indiquer très-brièvement les trois causes de nullité généralement reconnues.

231. 1° *Défaut absolu de consentement.* La transaction a

été passée par un individu qui, au moment même où il contractait, avait perdu l'usage complet de ses facultés intellectuelles, atteint, en un mot, d'aliénation mentale : ou bien l'une des parties entend transiger sur un droit litigieux, qui n'est pas le même que celui que comprend son adversaire : il est clair que nous ne sommes pas en présence d'un consentement plus ou moins vicié, mais qu'en réalité il n'y a pas consentement.

232. 2° *Défaut absolu d'objet.* Comment concevoir une convention sans objet ? Cela reviendrait à parler d'un édifice bâti en l'air et n'ayant pas de sol sur lequel reposent des fondations. Nous avons transigé sur des droits de propriété relatifs à un immeuble qui est complétement détruit : la transaction ne peut avoir aucune existence.

233. 3° *L'objet est contraire à l'ordre public.* Vous m'avez promis de me payer une certaine somme pour assassiner une personne ; plus tard nous transigeons sur cette convention. La transaction est aussi parfaitement nulle que la convention sur laquelle elle porte. Toutes les nullités d'ordre public sont absolues et irrémédiables.

Je ne crois pas qu'il soit nécessaire d'insister sur des vérités tellement évidentes.

234. Quand une transaction sera-t-elle simplement annulable ?

Cette question devient beaucoup plus sérieuse, et c'est ici que surgissent les plus graves difficultés.

Je reconnais quatre motifs d'annulabilité des transactions :

1° *Le dol ;*

2° *La violence ;*

Pour ces deux premiers, il n'existe aucune règle spécialement établie sur notre sujet; je m'en réfère donc aux
principes du droit commun édictés dans les articles 1111 à
1117 du Code Napoléon et rappelés par l'article 2053 du
même Code.

3° *L'incapacité des personnes contractantes.*

Je pense avoir suffisamment étudié cette matière dans
mon quatrième chapitre.

4° *L'erreur.* C'est ce dernier vice du consentement qui,
en dehors des cas généraux dans lesquels il peut servir de
base à l'annulation de tout contrat, doit être l'objet d'une
étude spéciale, parce qu'il crée des causes d'annulabilité
toutes particulières à la transaction.

235. L'article 2052 de notre titre nous oblige, dès l'abord,
à établir une distinction, toute naturelle et logique du
reste, entre l'erreur de droit et l'erreur de fait.

Les transactions, dit-il, ne peuvent être attaquées *pour
cause d'erreur de droit*, ni pour cause de lésion.

Pourquoi? Faut-il répondre que nul n'est censé ignorer
la loi? Mais c'est là une présomption : et si je prouve que
je l'ignorais en réalité? Ce motif n'est pas très-satisfaisant.
Aussi M. Troplong l'appuie par un second :

« La transaction, dit-il, est toujours censée avoir une
« juste cause, puisqu'il lui suffit d'avoir concilié les par-
« ties et éteint leurs différends. » (Troplong, n° 135.)

Ne pourrait-on pas répondre que ce motif mettrait tout
aussi bien obstacle à l'annulation de toute erreur de fait?
Quel que soit le vice dont elle soit entachée, la transaction
a toujours eu pour but de « concilier les parties et d'éteindre
« leurs différends. »

Je crois que le vrai motif juridique est dans cette présomption légale et indestructible que les parties n'ont tran-

sigé, qu'après s'être entourées des lumières des gens les plus
compétents, et qu'elles ont voulu précisément trancher
elles-mêmes, selon les règles de l'équité, des controverses
de droit que les magistrats n'eussent pu résoudre que d'a-
près les principes toujours stricts, quelquefois injustes dans
leur application, qui sont écrits dans la loi, et dont ils sont
et doivent être avant tout les fidèles observateurs.

Quoi qu'il en soit, je constate que l'erreur de droit ne peut
jamais donner lieu à l'annulation d'une transaction. Observons, en passant, que, loin d'avoir le même effet que les
jugements rendus en dernier ressort, qui peuvent être
cassés pour violation de la loi, les transactions sont parfaitement inattaquables à ce point de vue.

236. Reste donc l'erreur de fait ! Quand les tribunaux
pourront-ils l'invoquer pour prononcer la nullité d'une
transaction ?

Il est un point certain, c'est que ce ne pourra être que
très-exceptionnellement que l'erreur de fait sera une cause
de nullité. Comment, en effet, ne pas courir de grands
risques de commettre une erreur dans un acte qui a pour
objet un droit essentiellement douteux ?

En principe donc, il est inadmissible qu'une erreur, de
quelque nature qu'elle soit, mette obstacle à la parfaite
validité de la transaction.

Mais la nécessité de donner aux contractants de solides
garanties de leur bonne foi et de leur sincérité réciproques,
a fait admettre, et avec une haute sagesse, par le législateur, quelques rares exceptions.

Je pense qu'en les recherchant attentivement, on peut en
formuler cinq :

1º Erreur sur la personne ou sur l'objet de la contestation ;

2° Erreur résultant de la nullité du titre qui sert de base à la transaction ;

3° Constatation ultérieure de la fausseté des pièces sur lesquelles elle est intervenue ;

4° Découverte ultérieure d'un jugement rendu en dernier re ssort et tranchant la question même sur laquelle on a transigé ;

5° Découverte ultérieure de titres décisifs ou tenus cachés par l'une des parties transigeantes.

Je dois quelques explications sur chacune de ces causes nullité.

237. I. Il semble que je sois ici en contradiction avec moi-même, ou plutôt que le Code soit en opposition flagrante avec les principes incontestables que j'ai exposés aux n°s 231 et 232. Là où manque, ai-je dit, soit un consentement, soit un objet, il y a nullité complète de l'acte qu'on a prétendu faire ; et cette proposition ne peut être sérieusement discutée. Or l'article 2053 déclare que « une transaction *peut être rescindée*, lorsqu'il y a erreur dans la personne ou sur l'objet de la contestation. »

Ainsi, d'une part, un principe, qui décide que la transaction est totalement nulle, et, d'autre part, un texte de loi, qui la déclare seulement annulable ! laquelle de ces deux propositions faut-il conserver, laquelle tenir pour non avenue ?

238. Je pense qu'il faut les maintenir toutes les deux et résoudre la difficulté par une distinction.

Il se peut faire que ce soit bien avec votre personne physique que j'ai entendu transiger ; c'est matériellement vous avec qui j'ai voulu former le *vinculum juris*, qui nous a engagé l'un envers l'autre ; mais j'étais poussé à cet acte par la considération d'une certaine qualité, que je croyais exister en vous, et que cependant vous n'aviez point; et cette considération était pour moi le motif déterminant qui m'a fait transiger. Erreur dans la qualité de la personne, mais non dans son individualité physique !

De même, il est facile de supposer l'erreur dans la qualité de l'objet. Vous me disputez la propriété d'une galerie de tableaux précieux ; je vous cède tous les droits que je peux avoir, à condition que vous m'abandonnez un des tableaux les plus rares, signé d'un illustre maître et pour lequel j'ai une affection toute spéciale. La transaction a bien un objet, mais si l'on découvre plus tard que ce tableau, que je croyais original, n'est qu'une médiocre copie sans valeur, comme la qualité déterminante qui m'a fait transiger était l'authenticité du tableau, et que cette qualité fait défaut, je crois que nous rentrons dans l'application de l'art. 2053.

Les juges pourront donc, dans ces deux cas, annuler la transaction ; je reconnais qu'en pratique, ils pourront rencontrer des hypothèses extrêmement délicates, mais ils devront toujours se montrer sévères pour déclarer nul un acte aussi grave qu'une transaction.

239. II. L'art. 2054 de notre titre soulève de bien plus sérieux embarras. En voici le texte :

« Il y a également lieu à l'action en rescision contre une
« transaction, lorsqu'elle a été faite en exécution d'un titre
« nul, à moins que les parties n'aient expressément traité
« sur la nullité. »

D'abord, il est très-clair que, si les parties connaissaient la nullité et avaient la volonté formelle de transiger précisément sur cette nullité même, l'acte est et restera parfaitement inattaquable.

Ce n'est que dans le cas contraire que des difficultés peuvent surgir ; mais si on le suppose, on se trouve face à face avec un des problèmes les plus compliqués qui aient exercé l'esprit, et divisé la doctrine de tous nos jurisconsultes, depuis la promulgation du Code.

240. Comment concilier l'article 2054 avec l'article 2052? Celui-ci déclare que l'erreur de droit n'est pas une cause de nullité des transactions ; or, n'est-ce pas commettre une véritable erreur de droit, que de transiger sur un titre, que l'on considère comme valable, tandis qu'il est affecté d'un vice légal ? Et cependant l'art. 2054 permet l'annulation, contrairement, semble-t-il, au principe écrit dans l'article 2052 !

L'objection est fort grave ; trois systèmes principaux se sont produits pour la résoudre.

241. *Premier système.* Il n'existe pas de rapports entre l'art. 2052 et l'art. 2054. Le premier maintient la transaction affectée d'une erreur de droit ; le second permet de l'annuler lorsque la nullité n'a pas été l'objet de la transaction. Qu'ont voulu les parties? transiger sur la nullité du titre? alors qu'elles le déclarent valable ou qu'elles l'annulent, la transaction est inattaquable. La controverse ne peut naître que si les parties n'ont pas eu en vue cette nullité ; s'il en est ainsi, la nullité n'ayant pas été l'objet de la transaction, et ce contrat, strictement limitatif, ne pouvant être étendu d'un objet à un autre, elle n'a pu effacer une nullité dont il ne s'est point occupé.

L'article 2052 pose donc une règle générale : l'erreur de droit ne vicie point une transaction. Mais immédiatement l'art. 2054 vient en limiter et en préciser la portée, en déclarant que si l'acte, qui sert de base à la transaction, est

nul, et que, d'autre part, les parties n'aient pas expressément fait porter leur transaction sur cette nullité, les parties pourront toujours l'attaquer en justice.

242. Cette théorie ne saurait me satisfaire. J'avoue que
mon intelligence se refuse à comprendre pourquoi le législateur aurait distingué entre les erreurs de droit provenant
de la nullité de l'acte, objet du litige, et toutes les autres erreurs de droit que l'on pourra imaginer.

Mais j'ajoute qu'en droit pur, je saisis encore moins l'enchaînement juridique de ce système. Pour admettre raison-
nablement que les parties n'ont pas voulu transiger sur la
nullité, il faut supposer qu'elles ne la connaissent pas ; car
autrement, dire que deux personnes sont en procès sur un
acte quelconque, que l'une et l'autre savent parfaitement
que cet acte est entaché d'un vice, qui le rend annulable,
et qu'elles vont transiger sur la portée juridique, sur l'exécution qu'il convient de lui donner, tout en se réservant,
de part et d'autre, d'invoquer plus tard cette nullité, en
vérité, ce n'est pas sérieux ! A moins de tomber dans l'absurde, il faut se placer dans l'hypothèse où les parties igno-
raient la nullité de l'acte : mais alors nous sommes tout-
à-fait en dehors des termes de l'article 2054 ! Lisez-le donc :
ne signifie-t-il pas que, à moins de déclaration expresse que
les parties ont voulu traiter sur la nullité, toujours, sauf
cette exception, il y aura lieu à l'annulation ? Que décidera-
t-on donc si, en fait, il est établi que les parties connaissaient la nullité, et si cependant elles n'en ont pas parlé ?
Validera-t-on ? Ce serait formellement violer l'article 205 !
Annulera-t-on ? C'est je le répète, supposer l'absurde !

J'avoue que je ne vois pas le moyen de sortir de cette
impasse, je regrette donc cette opinion, énergiquement soutenue par le savant Merlin (*Répert.,* v° *Transact.,* § 5, n° 4),
et à laquelle a adhéré Marbeau, n°s 231 à 236.

243. *Deuxième système.* Celui-ci est beaucoup plus avancé et plus absolu, mais aussi plus conforme à la logique, dans son enchaînement et dans ses conséquences.

Dans tous les cas, d'après cette opinion, que les parties aient, ou non, eu connaissance de la nullité, que leur erreur soit une erreur de droit ou une erreur de fait, dès lors qu'il y a nullité du titre, sur lequel repose la transaction, la rescision devra être prononcée.

En effet, sur quoi intervient, dans ce cas, la transaction? sur un droit qui a son existence dans un titre nul et qui, par conséquent, est aussi nul que l'acte qui lui sert de fondement. Or, si le droit, sur lequel on a transigé, n'existe pas, la transaction manque d'une condition essentielle à son existence; elle n'a pas de cause! Elle est donc nulle elle-même, et la justice, en détruisant ce sur quoi elle était bâtie, doit l'anéantir elle-même!

Du reste, ajoute-t-on, il faut rapprocher l'article 2054 des deux autres qui le suivent. Pourquoi annule-t-on une transaction, qui porte sur un procès irrévocablement terminé? Parce qu'elle porte sur une fausse cause : un litige que la justice a éteint! Pourquoi annule-t-on la transaction faite sur pièces, qui depuis ont été reconnues fausses? toujours parce que cette transaction a une cause invalide : un faux! On le voit, tout s'enchaîne, et les trois articles 2054, 2055 et 2056 ont la même raison d'être, et se déduisent logiquement de l'art. 1131 du Code Napoléon.

244. Ma réponse sera brève, parce que je la crois concluante et sans réplique. Dès lors que je trouverai, d'après le système que je viens d'exposer, une cause réelle, valable et licite à la transaction reposant sur un titre nul, cette transaction ne pourra encourir la rescision; or, il n'est pas de transaction qui n'ait toujours pour cause très-légitime le désir de rétablir l'union et la paix, et la volonté de mettre un terme aux inquiétudes d'un procès ; donc l'article 2054, d'après nos adversaires, sera toujours une lettre-morte.

Aussi faut-il chercher, aux articles 2055 et 2056, dont je parlerai plus loin, une autre explication, de même qu'à l'article 2054.

Ce second système, que je repousse, est enseigné par MM. Aubry et Rau, dans leur commentaire sur Zachariæ, § 422, note 10. Dalloz, dans son *Répertoire*, v° *Transaction*, n° 155 et 156, déclare s'y rallier.

245. *Troisième système.* C'est celui que je crois le plus naturel et aussi le plus conforme aux principes du droit.

Tandis que l'article 2052 est relatif à l'erreur de droit, les articles suivants s'occupent de l'erreur de fait, et spécialisent les circonstances où, par exception, elle pourra vicier l'acte transactionnel qu'elle a inspiré. C'est ainsi que l'article 2054 prévoit le cas dans lequel les parties ont ignoré, non pas le vice légal qui affectait le titre sur lequel elles ont transigé, mais bien, ce qui est tout différent, un fait quelconque qui annulait ce titre.

Je vais m'expliquer par des exemples.

246. J'en citerai d'abord un très-simple, que tous les docteurs signalent avec raison pour sa clarté et son exactitude. Primus et Secundus se disputent la succession de Tertius ; le premier est son héritier *ab intestat* ; le second, son légataire universel. Le procès roule précisément sur la validité du testament qui a institué Secundus. Une transaction intervient, et Primus, convaincu que le testament est valable, abandonne à son adversaire la succession en litige, moyennant quelques sacrifices pécuniaires que lui fera Secundus. La situation est bien nette.

Plus tard Primus découvre que le testament manquait de l'une des conditions nécessaires à sa validité, et qu'en réalité il est nul. Pourra-t-il attaquer et le testament et la transaction, sous prétexte que celle-ci repose sur un titre nul ? Non, car Secundus lui répondra : Vous avez commis une erreur de droit ; appliquons l'article 2052. Mais je suppose au contraire que l'on vienne à retrouver un testament, postérieur au premier, dont il contient la révocation expresse : oh ! ce n'est plus là une erreur de droit ; l'erreur est toute de fait, et l'article 2054 sera pleinement applicable.

247. Autre exemple : Les héritiers d'une femme mariée sont en procès sur la validité du contrat de mariage de la *decujus* ; ils transigent ; puis, plus tard, l'un d'eux apprend que ce contrat n'a pas été fait devant les deux témoins exigés, et qu'il est, par conséquent, parfaitement nul ; alors, il le dénonce à la justice, pour faire prononcer cette nullité, et, par suite, faire rescinder la transaction qui en est le résultat. Le pacte transactionnel, dit-il, est nul, comme reposant sur un titre nul, et, par conséquent, n'ayant pas de fondement juridique. Que décider ?

J'ai choisi cette espèce, parce qu'elle s'est produite dernièrement devant la Cour de Toulouse, qui, confirmant un jugement du tribunal de Lavaur, a décidé, le 5 août 1864, « que l'article 2052 du Code Napoléon dispose d'une ma-
« nière générale que les transactions ne peuvent être atta-
« quées pour cause d'erreur de droit ; que lorsqu'on ne
« peut pas admettre qu'il ait été dérogé à cette règle abso-
« lue dans une disposition qui suit immédiatement, il con-
« vient d'accepter l'interprétation qui concilie ce texte avec
« celui de l'article 2054 ; qu'il y aura lieu à l'application
« de ce dernier, lorsque les parties auront ignoré l'exis-

« lence de la nullité, puisqu'elles n'auront agi, dans ce
« cas, que par erreur de fait, contre laquelle elles peuvent
« être restituées, sans que l'article 205 leur soit opposé ;
« mais que cette disposition repousse la prétention, lorsque
« l'action en rescision est fondée sur ce que le droit a été
« mal apprécié ; .... qu'il suffit de la connaissance
« des plus simples notions du droit pour reconnaître qu'un
« contrat de mariage n'est pas valable si le notaire n'est
« pas assisté de deux témoins instrumentaires désignés
« selon les prescriptions légales, que c'est par ignorance
« de la loi que les parties ont pu ne pas apercevoir l'irré-
« gularité du titre, et que, lorsqu'elles veulent se prévaloir
« de ce qu'elles n'ont pas expressément traité sur la nul-
« lité, leur demande doit être rejetée, conformément à
« l'article 2052 du Code Napoléon........ »

Cet arrêt fut soumis à la censure de la Cour de cassation
qui a rejeté le pourvoi, le 19 décembre 1865, par ces motifs
de droit :

« Attendu que, d'après l'art. 2052, les transactions ont
« entre les parties l'autorité de la chose jugée et ne peu-
« vent être attaquées pour cause d'erreur de droit ;—attendu
« que si l'article 2054 ajoute qu'elles peuvent être rescin-
« dées lorsqu'elles sont basées sur un titre nul, *cette dis-*
« *position*, rapprochée de celle qui précède, *ne peut s'en-*
« *tendre que du cas où la nullité du titre procéderait d'une*
« *erreur de fait ;..... etc.* »

Ces deux arrêts sont rapportés dans Sirey, 1866, 1, 301.

248. Je crois que ce système est le seul applicable ; il se
présente naturellement à l'esprit, à la seule lecture des
textes qui sont en jeu, il donne aux deux articles 2052 et
2054 deux sphères d'action très-différentes, en sorte que
l'un n'est pas, comme dans les autres théories, l'exception

ou même l'anéantissement de l'autre, et il serait bien étonnant, s'il en devait être ainsi, que rien dans leurs expressions, ni dans les discussions des législateurs qui les ont édictés, n'indiquât cette antinomie qui les séparerait.

J'ajoute que je persiste d'autant plus fermement à soutenir cette thèse, qu'elle est défendue par beaucoup de jurisconsultes très autorisés, et acceptée par l'unanimité de la jurisprudence. (Troplong, n° 146 et suiv. — Duranton, t. 18, n° 423 ; — Massé et Vergé, sur Zachariæ, t. 5, § 769, p. 90, note 6 ; — Mourlon, *Répétit. écrites*, t. 3, p. 384; — Pont, *des Transact.*, n° 712 ; — Cassat, 25 mars 1807 et 3 décembre 1813 ; — Sirey, collect. nouv., t. 2, 1, 364 ; t. 4, 1, 479 ; Cassat. 14 nov. 1838 ; — *Journal du Palais*. 1839, 1, 254.)

249. III. L'article 2055 nous signale un second cas d'annulation des transactions pour erreur de fait. La transaction faite sur pièces, qui depuis ont été reconnues fausses, est entièrement nulle.

Pour bien saisir la portée précise de cette disposition, il est bon de remarquer que trois hypothèses peuvent se présenter :

1° Les parties ont traité sur un faux avoué ou légalement établi : l'article 2055 est inapplicable ; la transaction, sans paralyser l'action publique, produit toutes ses conséquences civiles ; je renvoie, à cet égard, aux explications que j'ai données sur l'article 2046, aux numéros 149 et suivants.

2° La transaction a porté sur le litige résultant précisément de l'incertitude, où se trouvaient les contractants sur l'authenticité des pièces qu'ils avaient entre les mains : ici encore, il faut appliquer les mêmes principes, et écarter l'article 2055, la transaction ayant pour objet direct et prin-

cipal la question de savoir si les pièces sont fausses ou
sincères.

250. 3° Ce n'est donc que dans le cas où les parties ont
certainement ignoré la falsification des pièces, et ne l'ont
connue que postérieurement, que l'article 2055 produira
son effet. Sa raison d'être saute aux yeux ; M. Troplong la
fait ressortir dans un dilemme sans réponse possible : « ou
« bien, dit-il, la partie qui a fait usage de ces pièces en a
« connu la fausseté, et alors il y a de sa part un dol carac-
« térisé qui vicie l'acte : art. 2053 ; ou elle a été de bonne
« foi, et alors il faut supposer qu'elle n'a pas voulu nuire
« à son adversaire et l'induire en erreur. »

Je crois, en effet, que la bonne foi et la sincérité réciproques des parties sont la condition première d'une transaction ; il faut que l'on puisse agir en connaissance de cause
et il n'y a pas consentement valable à un acte qu'on n'est
déterminé à faire qu'en présence de pièces qu'on a tout
lieu de penser authentiques, et qui ne sont cependant que
le résultat d'un faux.

Et que l'on se garde bien de chercher à établir une comparaison entre cette hypothèse et celle d'une erreur de droit!
l'erreur de droit est toujours facile à éviter ; si l'on n'a pas
assez de confiance dans ses propres lumières, on peut con-
sulter des juristes qui éclaireront tous les doutes ; tandis
que l'on ne peut jamais présumer fausses des pièces qui se
présentent avec tous les caractères apparents de la sincérité,
et qu'en outre, il est souvent matériellement impossible de
s'assurer de leur falsification.

251. Si la fausseté des pièces vient plus tard à être établie, la justice devra donc annuler la transaction ; et ce ne
sera pas seulement la partie de l'acte, spécialement relative

aux pièces fausses, qui devra être annulée, mais bien la totalité de l'acte lui-même. Cette décision résulte des mots *entièrement nulle* de l'art. 2055, et aussi du principe de l'indivisibilité des transactions. (Voir n°s 94 et 207.)

252. IV. Il existe encore une erreur de fait, qui met obstacle à la validité d'un pacte transactionnel : c'est lorsque la transaction porte, nous dit l'article 2056, sur un procès, terminé par un jugement passé en force de chose jugée, dont les parties, ou l'une d'elles, n'avaient point connaissance. Mais le même texte ajoute : « Si le jugement ignoré « des parties était susceptible d'appel, la transaction sera « valable. »

Ainsi, un jugement, qui peut être frappé d'opposition ou d'appel, ne vicie en rien une transaction, intervenant sur les droits en litige qu'il a jugés. C'est qu'en effet, le litige existe toujours, et il suffit d'une simple formalité à accomplir au greffe pour remettre tout en question. Or, les parties connaissent-elles le jugement? La transaction qu'elles font a pour but d'empêcher l'appel ou l'opposition de se produire.

L'ignorent-elles? Elles transigent sur un procès qui a déjà donné lieu à une décision judiciaire, mais qui, je le répète, est loin d'être éteint et subsiste tout entier.

253. Que faut-il décider, si le recours en cassation est encore possible? La loi est muette sur ce point; mais l'exposé des motifs sur le projet présenté par Bigot Préameneu, prévoit l'objection, et donne la réponse : « Le « pourvoi en cassation, dit le rapporteur, n'empêche pas « qu'il n'y ait un droit acquis, un droit dont l'exécution « n'est pas suspendue; mais si les moyens de cassation « présentaient eux-mêmes une question douteuse, cette « contestation pourrait, comme toute autre, être l'objet « d'une transaction. »

254. Mais le jugement est passé en force de chose jugée : il était conforme aux principes de décider que la transaction intervenue postérieurement est nulle, quand les parties n'en ont pas eu connaissance.

En effet, une des conditions essentielles imposées par l'article 2044 à l'existence d'une transaction, c'est (n° 84, 3°) l'existence de droits litigieux ; or le litige, nous le supposons éteint ; donc la transaction manquerait d'objet.

Si, au contraire, nous admettons que les deux parties avaient connaissance du jugement, il faudra voir dans la transaction un acte valable, non pas comme transaction, mais comme simple convention ; c'est un abandon de droits, une renonciation qui aura généralement sa raison d'être dans une obligation naturelle, en un mot, un pacte sans nom, mais parfaitement légitime.

Il en sera de même, si celui qui a gagné le procès en a seul connaissance ; c'est de sa part une renonciation volontaire à des droits consacrés par la justice.

235. Mais si le perdant seul avait connu le jugement, à l'instant où la transaction se passait, il y aurait eu, par là même, dol de sa part à transiger. *Fraus omnia corrumpit*, disaient les Romains, et l'article 2053 a consacré le même principe. Aussi M. Troplong, n° 153, nous raconte-t-il l'histoire de ce conseiller de Lyon, qui ayant appris qu'il venait de perdre un procès, prit la poste et alla trouver son adversaire, auquel il arracha, dans son ignorance de l'issue du différend, une transaction, que le Parlement de Paris ne tarda pas à annuler. Ceci se passait en 1608 : sans nul doute, nos magistrats modernes seraient, en pareille occurrence, plus délicats.

Du reste, l'article 2056 est un obstacle infranchissable pour un acte entaché d'une telle déloyauté.

10

256. V. Enfin, c'est dans l'article 2057 que nous trouvons le dernier cas dans lequel l'erreur de fait viciera une transaction. Il est ainsi conçu : « Lorsque les parties ont « transigé généralement sur toutes les affaires qu'elles « pouvaient avoir ensemble, les titres qui leur étaient « alors inconnus, et qui auraient été postérieurement dé- « couverts, ne sont point une cause de rescision, à moins « qu'ils n'aient été retenus par le fait de l'une des parties; « mais la transaction serait nulle, si elle n'avait qu'un « objet sur lequel il serait constaté, par des titres nouvel- « lement découverts, que l'une des parties n'avait aucun « droit. »

C'est encore, comme dans l'hypothèse précédente, dans ce principe, que la transaction doit avoir pour base un droit litigieux, que l'article 2057 a puisé ses motifs d'annulation.

257. Ecartons d'abord la supposition que l'une des parties ait retenu une ou plusieurs pièces importantes : ce fait rentre dans les prévisions de l'article 2053, il y a évidemment dol au premier chef.

258. Maintenant, deux sortes de transactions peuvent se produire.

Ou bien nous transigerons sur un droit litigieux, unique, déterminé, et, dans ce cas, s'il l'on vient ultérieurement à découvrir que ce que nous croyons un droit litigieux était un droit sur l'existence et la portée duquel aucun doute sérieux n'était possible, il est clair que la transaction, manquant d'une de ses conditions essentielles à sa validité, devra être annulée ;

Ou bien nous transigerons sur tout un ensemble de droits ; et alors, comme notre pensée prédominante a été de mettre un terme à toutes les difficultés qui nous divisaient, peu importera que plus tard on s'aperçoive de l'erreur où nous étions tombés, relativement à l'un des droits, objet de nos prétentions réciproques. Le principal est obtenu : terminer nos débats sur un ensemble de droits, la plupart litigieux et qu'alors nous considérions comme occasionnant tous de sérieuses controverses et de regrettables conflits.

259. Telles sont les quelques exceptions que la loi a sagement jugé nécessaire d'apporter à cette présomption inattaquable que les parties ont transigé librement, en pleine connaissance de cause, et après s'être assurées, en consultant les hommes compétents, qu'elles pouvaient agir en toute sécurité ; c'est aux parties qu'il appartient de justifier, par leur prudence et leur circonspection, cette suppotion du législateur, sur un contrat aussi important.

260. Nous avons ainsi terminé d'esquisser à grands traits les particularités les plus saillantes et les principes les plus importants qui distinguent et régissent le contrat de transaction.

Si maintenant nous faisons un pas en arrière, ne reconnaîtrons-nous pas que nous étions hautement autorisés à dire, au commencement de cette modeste étude, que la transaction était d'une utilité pratique incontestable, et présentait de précieux avantages aux hommes désireux, avant tout et par dessus tout, de jouir de la tranquillité et de la paix, de même qu'elle est une garantie efficace, pour le maintien et la conservation du repos des familles et du bon accord qui doit régner dans l'État ?

« De tous les moyens de mettre fin aux différends que
« font naître entre les hommes leurs rapports variés et mul
« pliés à l'infini, disait Bigot de Préameneu au Corps lé-

« gislatif, le plus heureux dans tous ses effets est la trans-
« action. »

Aussi, favoriser et encourager chaleureusement, par les
conseils et par l'exemple, l'emploi de ce mode, aussi sûr
que sage, d'extinction des procès, a toujours été considéré
par la Magistrature et par le Barreau, comme l'accomplissement d'une mission impérieuse et sacrée : j'affirme,
quant à moi, que c'est le devoir de tout honnête homme.

POSITIONS.

DROIT ROMAIN.

I.—Si l'héritier institué, grevé de fidéicommis, refuse de faire adition, le fidéicommissaire peut-il l'y contraindre?
Je le crois.

II.—Primus et Secundus sont institués héritiers de Paul, sous la condition que, si l'un d'eux vient à mourir sans enfants, sa part retournera à son co-institué ; après la mort de Paul, les deux institués peuvent-ils renoncer au droit qui appartiendrait à chacun d'eux, en cas de prédécès de l'autre?
Je le crois.

III.—Au cours d'une *querela inofficiosi testamenti*, le *querelans* et l'héritier institué transigent : si l'héritier institué refuse d'exécuter la transaction, le *querelans* a-t-il une action pour l'y contraindre?
Je pense qu'il aura l'action *præscriptis verbis*.

DROIT CIVIL FRANÇAIS.

I.—La transaction à forfait, sur la réparation due à raison d'un accident, ne fait pas obstacle à ce que celui qui en a été victime, demande une nouvelle indemnité, si

les suites de l'accident se sont aggravées depuis la transaction.

II.—L'interdit judiciaire est absolument incapable de
se marier, même pendant un intervalle lucide.

III.—Celui qui a traité avec de simples habitants d'une
commune, se disant ses mandataires légaux, ne peut pas
exciper du défaut de qualité de ces mandataires ; à la
commune seule appartiendrait le droit de les désavouer.

IV.—Le prêtre catholique, qui a renoncé au service des
autels, peut-il contracter mariage ?
Malgré l'énergique réprobation qu'un tel acte devrait
légitimement et universellement soulever, j'ai le vif regret
de penser que, dans l'état actuel de notre législation, rien
ne pourrait autoriser l'officier de l'état civil à se refuser à
la célébration de cette union : catholique, ma conscience
m'imposerait de résigner mes fonctions. Je ne vois que
cette solution.

DROIT CRIMINEL.

I.—La diffamation envers une personne décédée constitue
un délit, tombant sous l'application de la loi.

II.—L'interdit légal ne peut faire aucun acte de disposition entre vifs ; mais il peut tester et se marier.

DROIT INTERNATIONAL.

I.—L'étranger, légalement divorcé dans son pays, peut
se remarier en France.

II.—Les jugements des tribunaux étrangers ne peuvent être exécutés en France, qu'après avoir été révisés par la justice française.

APPROUVÉ :

Le Doyen de la Faculté,

C. DEMOLOMBE.

Vu par le président de la thèse,

A. BERTAULD.

Permis d'imprimer,

Le Recteur de l'Académie,

THÉRY.

Caen, typ, Goussiaume de Laporte.

www.ingramcontent.com/pod-product-compliance
Lightning Source LLC
Chambersburg PA
CBHW050118210326
41519CB00015BA/4011